Pusteblume

Das Sprachbuch 4

Berlin, Brandenburg, Mecklenburg-Vorpommern, Sachsen-Anhalt und Thüringen

Neubearbeitung

Herausgegeben von Wolfgang Menzel

Erarbeitet von
Sophie Böhme, Erfurt
Anne-Kathrin Jurgan, Rangsdorf
Hennrika Nehls, Satow
Fritzi Rothe, Potsdam
Vivian Steppat, Alperstedt
Marion Wilke, Zossen

Unter Einbeziehung der Erarbeitung von
Christel Jahn, Wolfgang Kunsch, Wolfgang Menzel, Udo Schoeler, Brigitte Schulz, Sabine Stach-Partzsch, Katja Vau

Unter Beratung von
Katrin Lehmann, Wanzleben

Illustriert von
Angelika Çitak, Lisa S. Rackwitz, Anke Rauschenbach

Schroedel
westermann

Inhaltsverzeichnis

Im Buch stöbern

4 Im Buch stöbern

Ich und die anderen

6 Neu in unserer Klasse
7 Sprachen in unserer Klasse
8 Schule anderswo
10 Kinder haben Rechte
11 Kinderrechte im Alltag
12 Auf der Kakaoplantage
14 Fairer Handel
15 Ideenkiste: Kinderrechte-Rallye
16 Ein Interview vorbereiten und durchführen
17 Laute unterscheiden
18 Wörter mit doppelten Konsonanten üben
19 Lange und kurze Vokale in einer Wortfamilie üben
20 Männliches, weibliches und sächliches Geschlecht unterscheiden
21 Bestimmte und unbestimmte Artikel verwenden
22 Singular (Einzahl) und Plural (Mehrzahl) von Substantiven bilden
23 Pronomen verwenden
24 Geschichten entwickeln
25 Übungskiste 1
26 Übungskiste 2
27 Was kann ich nun?

Im Wald unterwegs

28 Unser Wald
29 Der Wald – ein Haus
30 Wozu brauchen wir den Wald?
31 Arbeiten im Wald
32 Waldtierfabel
33 Ideenkiste: Der Wunschbaum
34 Informationen sammeln und präsentieren
35 Wörter mit ss und ß unterscheiden
36 Wörter mit k und ck üben
37 Wörter mit z und tz üben
38 Substantive in den vier Fällen verwenden 1
39 Substantive in den vier Fällen verwenden 2
40 Die Zeichen der wörtlichen Rede setzen 1
41 Die Zeichen der wörtlichen Rede setzen 2
42 Fabeln kennenlernen
43 Fabeln lesen und untersuchen
44 Was in Fabeln vorkommt
45 Eine Fabel schreiben
46 Eine Geschichte zu einer Fabel umschreiben
47 Übungskiste 1
48 Übungskiste 2
49 Was kann ich nun?

Wir kennen Medien

50 Medien – hören, lesen, sehen
51 Wir stellen unsere Lieblingsmedien vor
52 Eine Klassenzeitung planen
53 Am Computer schreiben
54 Unsere Klassenfahrt zur Rosstrappe
55 Einen sagenhaften Comic gestalten
56 Für die Klassenzeitung berichten
57 Ideenkiste: Eine Zeitungsseite herstellen
58 Schreiben und korrigieren mit dem Computer
59 Fremdwörter üben
60 Wörter mit und ohne Dehnungs-h merken
61 Forscheraufgabe
62 Wörter mit silbentrennendem h schreiben
63 Das Subjekt ermitteln
64 Die Objekte ermitteln
65 Sätze mit Subjekt, Prädikat und anderen Satzgliedern bilden
66 Eine Sage kennenlernen
67 Eine Sage schreiben
68 Texte überarbeiten: Schreibkonferenz
69 Einen Zeitungsartikel planen, schreiben, ...
70 ... überarbeiten und veröffentlichen
71 Übungskiste 1
72 Übungskiste 2
73 Was kann ich nun?

Das Fahrrad und andere Erfindungen

74 Das Fahrrad und andere Erfindungen
75 Mit dem Fahrrad unterwegs
76 Fahrradfahren früher ...
77 ... und heute
78 Natur ...

Lernen lernen
Richtig schreiben
Sprache untersuchen
Texte verfassen

79 ... und Technik
80 Werbung ausdenken und gestalten
81 Ideenkiste: Das Fantasie-Fahrrad
82 Wörter üben
83 Wörter mit den Wortbausteinen Ver-/ver-, Vor-/vor- und -ig, -lich, -isch bilden
84 Substantive mit den Wortbausteinen -ung, -heit, -keit, -nis, -schaft bilden
85 Substantive mit Verben und Adjektiven zusammensetzen
86 Verben zu Wortfeldern zusammenstellen
87 Zeitformen anwenden 1
88 Zeitformen anwenden 2
89 Eine Geschichte nach Bildern schreiben
90 Einen Unfallbericht schreiben
91 Übungskiste 1
92 Übungskiste 2
93 Was kann ich nun?

Reise ins Universum

94 Unser Sonnensystem
95 Rekorde in unserem Sonnensystem
96 Entdeckungsreise zum Jupiter
97 Ausflug ins Planetarium
98 Bilder am Himmel
99 Komm mit nach Schlaraffia!
100 Traumberuf
101 Ideenkiste: Ein Horoskop schreiben
102 Expertenrunde
103 Wörter mit ä und äu ableiten
104 Wortmuster erkennen
105 Besondere Verben kennenlernen: Modalverben
106 Präpositionen verwenden
107 Ortsbestimmungen erkennen
108 Zeitbestimmungen erkennen
109 Mit Adjektiven vergleichen
110 Zeitform Futur anwenden
111 Kommas in Aufzählungen verwenden
112 Texte zusammenfassen 1
113 Texte zusammenfassen 2
114 Gemeinsam Geschichten erfinden
115 Übungskiste 1
116 Übungskiste 2
117 Was kann ich nun?

Im und am Wasser

118 Wasser ist Leben
119 Wasser ist kostbar
120 Leben in unseren Bächen und Teichen
121 Leben im Meer
122 Der Wasserkreislauf
123 Ideenkiste: Wasserkreislauf selbst gemacht
124 Wörter mit chs und ai üben
125 Forscheraufgabe
126 Wörter mit s und ß verlängern
127 Gleichklingende Wörter unterscheiden
128 Sätze verbinden 1
129 Sätze verbinden 2
130 Satzglieder umstellen – Texte verbessern
131 Stichpunkte aufschreiben
132 Ein Haiku kennenlernen und schreiben
133 Übungskiste 1
134 Übungskiste 2
135 Was kann ich nun?

Im Jahreskreis

136 Kinder feiern ...
137 ... rund um die Welt
138 Frühling
139 Zum Verschenken
140 Erfrischungen im Sommer
141 Sommerferien
142 Herbst
143 Nebel
144 Glücksbringer zum Jahreswechsel
145 Schnee

Anhang

146 Mit dem Wörterverzeichnis arbeiten
147 Wörterverzeichnis
162 Lösungen: Was kann ich nun?
167 Wichtige Fachwörter
170 Die Kompetenzbereiche
172 Quellen und Impressum

Im Buch stöbern

① Welches Kapitel beginnt auf Seite 118?

② Auf welcher Seite beginnt das Wörterverzeichnis?

③ Auf welcher Seite beginnt das Kapitel **Reise ins Universum**?

④ Wie heißt die Überschrift von Seite 100?

⑤ Suche diese Bilder.
Zu welchem Kapitel gehören sie?

⑥ Was fraß der Rabe in der Fabel **Der Fuchs und der Rabe**?

◇ **1** Lies dir die Karten von 1 bis 11 durch.

◇◇ **2** Suche dir fünf Karten von der Pinnwand aus.
Schreibe die Fragen ab
und beantworte sie in einem Satz.

◇◇◇ **3** Denke dir selbst eine Frage für ein anderes Kind aus.

- mit Texten arbeiten
- sich im Buch orientieren

⑦ Wie heißt das Mädchen auf Seite 53?
Worum geht es auf dieser Seite?

⑧ Welche Tiere findest du auf der Seite 28?

⑨ Welche Seite hat die Überschrift **Mit dem Fahrrad unterwegs**?
Schaue im Inhaltsverzeichnis nach.

⑩ Auf welcher Seite ist dein Lieblingsbild? Zu welchem Kapitel gehört die Seite?

⑪ Was sagt das Kind auf Seite 146?

Wichtige Seite zum Üben
Seite 82

Wichtige Zeichen im Buch

1 Vor jeder Aufgabe steht eine Zahl.
2 Eine Zusatzaufgabe erkennst du an dieser Farbe.
Zusatzwörter oder Zusatztexte
erkennst du auch an dieser Farbe.

Tipp
Hier erhältst du Tipps.

Ich und die anderen

Neu in unserer Klasse

1 Seht euch das Bild an.
Sprecht über die Situation.

2 Versetzt euch in die Lage der neuen Schüler.
Wie würdet ihr euch fühlen?

3 Was könntet ihr tun, damit sich fremde Kinder in eurer Klasse wohlfühlen?
Sammelt gemeinsam Ideen.

4 Lest den Text.

Die erste Stunde

Die Lehrerin stellt der Klasse zwei neue Mitschüler vor. Das Mädchen heißt Ming. Sie hat einen älteren Bruder. Ihre Eltern arbeiten im Krankenhaus. Der Junge heißt Sven. Er hat gerade eine kleine Schwester bekommen. Seine Mutter betreut zu Hause das Baby. Der Vater ist bei einer Bank angestellt. Die Familie von Ming stammt aus Vietnam. Sven ist aus Hamburg in unsere Stadt gezogen.

5 Trage die unterstrichenen Substantive (Nomen) mit bestimmtem und unbestimmtem Artikel in die Tabelle ein:

mit bestimmtem Artikel	mit unbestimmtem Artikel
die Stunde	eine Stunde
die Lehrerin	...

6 Warum kommen Kinder manchmal neu in eine Klasse?
Stellt Vermutungen an.

- Perspektiven wechseln
- bestimmte und unbestimmte Artikel als Kennzeichen von Substantiven

▸ Sprache untersuchen: S. 21
▸ Arbeitsheft: S. 12
▸ AH inklusiv: S. 54

Sprachen in unserer Klasse

◇ **1** Lest den Text.

Ich heiße Dilara und gehe in die Klasse 4a. In unserer Familie werden viele Sprachen gesprochen. Mama und Papa unterhalten sich in der deutschen Sprache, denn sie haben sich in Deutschland in der Schule kennengelernt. Meine Mutter spricht mit ihren Eltern, mir und meinem Bruder Darius kroatisch. Mein Vater spricht mit seinen Eltern und uns türkisch. Meistens antworten wir ihm auf Deutsch. Darius und ich sprechen auch deutsch miteinander. Wenn wir aber Oma und Opa in der Türkei besuchen, sprechen wir Kinder nur türkisch, damit sie uns verstehen können.

◇ **2** Was erfahrt ihr über Dilaras Familie? Besprecht gemeinsam.

◇◇ **3** Wer spricht in Dilaras Familie welche Sprache? Schreibe so:
Dilara spricht deutsch, … Darius … Ihre Mutter … Der Vater …

◇◇ **4** Bilde die Mehrzahl der im Text unterstrichenen Wörter und schreibe so: *die Klasse – die Klassen, …*

◇◇ **5** Welche Sprachen werden in deiner Familie, deiner Schule und in deiner Nachbarschaft gesprochen?

> **Tipp**
> Du kannst diese Aufgabe auch in Form eines Gedankenschwarms bearbeiten.

◇◇ **6** Sucht möglichst viele Übersetzungen für die Wörter in den Sprechblasen. Sammelt gemeinsam an der Tafel:
Guten Tag! (deutsch) – Bonjour! (französisch) – Buon giorno! …
Auf Wiedersehen! (deutsch) – Do widzenia! (polnisch) – …

Guten Tag! | Auf Wiedersehen! | Bitte! | Danke!

◇◇◇ **7** Vergleicht in der Klasse eure Übersetzungen. Findet Gemeinsamkeiten und Unterschiede zwischen den Sprachen.

- einem Text Informationen entnehmen
- Mehrzahl von Substantiven bilden
- Sprachen miteinander vergleichen

▸ Sprache untersuchen: S. 22
▸ Richtig schreiben: S. 59
▸ Arbeitsheft: S. 31
▸ AH inklusiv: S. 50, 51

Schule anderswo

◇ **1** Schaut euch die Fotos an.

◇ **2** Besprecht, was ihr auf den Fotos seht.

◇ **3** Lest die Texte **A** bis **D** auf den beiden Seiten.

A Ich heiße Satinder und wohne in einem kleinen Dorf in Indien. Am Morgen ziehe ich meine Schuluniform an, nehme meine Schulsachen und gehe in die Schule. Der Unterricht <u>beginnt</u> jeden Tag mit dem Morgenappell. Dabei <u>treffen</u> sich alle Kinder mit dem Schulleiter. Wir singen ein Lied und bekommen etwas aus der Zeitung vorgelesen. In meiner Klasse sind vierzig Kinder. Meine Schuluniform und die Schulsachen kosten viel Geld. Oft <u>lassen</u> die Eltern nur die Söhne in die Schule gehen. Der Lehrer liest uns viel vor und erklärt. Fast den ganzen Tag hören wir nur zu.

- Texte und Bilder zuordnen
- eigene Texte nach Muster verfassen

B Emily und Jack, England,
Schuluniform,
Schule von 9:00 bis 15:30 Uhr,
Mittagspause, Spielzeiten, Unterricht mit Computer,
Beamer, Experimente, Arbeit in Gruppen,
keine Hausaufgaben

C Lucan, Burkina Faso, kein Schulgebäude,
Schulbeginn 7:30 Uhr, Unterricht im Schatten,
Hefte teuer, auf Tafeln schreiben,
zwei Stunden Fußweg zur Schule

D Olivia, Australien, Schule 200 km entfernt,
Unterricht über das Internet,
Übungshefte und Hausaufgaben alle zehn Tage
mit Viehtransporter zur Lehrerin,
einmal im Jahr Treffen in der Schule,
Lehrerin einmal im Jahr zu Besuch bei Olivia

◇◇ **4** Welcher Text passt zu welchem Foto?
Begründet eure Zuordnung.

◇◇ **5** Suche dir ein Foto aus
und schreibe dazu einen eigenen Text.
Du kannst ihn ähnlich wie Text **A** schreiben.

◇ **6** In Text **A** sind drei Verben unterstrichen.
Schreibe sie untereinander in dein Heft.
Markiere den kurzen Selbstlaut vor dem doppelten Mitlaut:
beginnt – der Beginn, …

◇◇ **7** Ergänze zu jedem Verb mindestens zwei Wörter
aus der Wortfamilie.

◇◇◇ **8** Vergleicht die Schulsituation dieser Kinder mit eurer eigenen.
Findet Gemeinsamkeiten und Unterschiede.

- eigene Situation reflektieren und vergleichen
- Einsichten in die Wortbildung gewinnen

▸ Richtig schreiben: S. 18, 19

▸ Arbeitsheft: S. 10
▸ Förderheft: S. 29
▸ Forderkartei: Nr. 67, 68

Kinder haben Rechte

◇ **1** Lest den Text.

Fast alle Länder der Erde einigten sich 1989 auf eine Vereinbarung zu den Rechten von Kindern: die **Kinderrechtskonvention der Vereinten Nationen**.

Hier findet ihr einige Kinderrechte in Kurzfassung:

A Alle Kinder auf der ganzen Welt haben die gleichen Rechte.

B Kein Kind darf benachteiligt werden.

C Kinder haben das Recht auf Leben und Gesundheit.

D Kinder haben das Recht auf Schutz vor Gewalt, Missbrauch und Ausbeutung.

E Kinder haben das Recht, zur Schule zu gehen.

F Kinder haben das Recht, bei ihren Eltern zu leben oder sie regelmäßig zu treffen.

G Kinder haben das Recht auf Freizeit, Spiel und Erholung.

H Kinder müssen im Krieg und auf der Flucht besonders geschützt werden.

I Kinder mit Behinderung haben das Recht auf besondere Unterstützung, damit sie aktiv am Leben teilnehmen können.

①

②

③

④

◇◇ **2** Ordnet jedem Bild mindestens ein Kinderrecht zu.

◇◇ **3** Schreibe die Substantive (Nomen) mit Artikel in dein Heft. Kontrolliere mit dem Wörterverzeichnis: *der Krieg, ...*

Krieg Flucht Leben Gesundheit Recht Notfall
Bedürfnis Ausbeutung Schutz

◇ **4** Unterstreiche die Artikel wie im Beispiel: *der ..., die ..., das ...*

◇◇◇ **5** Wähle zwei Kinderrechte aus und erkläre, warum sie dir wichtig sind.

- Texte und Bilder zuordnen
- Artikel nach Geschlecht zuordnen
- begründet Stellung nehmen

▸ Sprache untersuchen: S. 20

▸ Arbeitsheft: S. 12

▸ AH inklusiv: S. 54

Kinderrechte im Alltag

①

②

③

◇◇ **1** Überlegt gemeinsam: Welche Kinderrechte werden auf den Bildern nicht beachtet?

◇◇ **2** Überlegt euch zu jedem Bild:
Wie könnten die Bilder aussehen,
wenn die Kinderrechte eingehalten werden würden?

◇◇ **3** Wen könnt ihr in einer schwierigen Situation um Hilfe bitten?
Sammelt verschiedene Möglichkeiten.
Findet Adressen und Telefonnummern von Experten heraus.
Hängt eure Ergebnisse in der Klasse oder an einer Infowand auf.

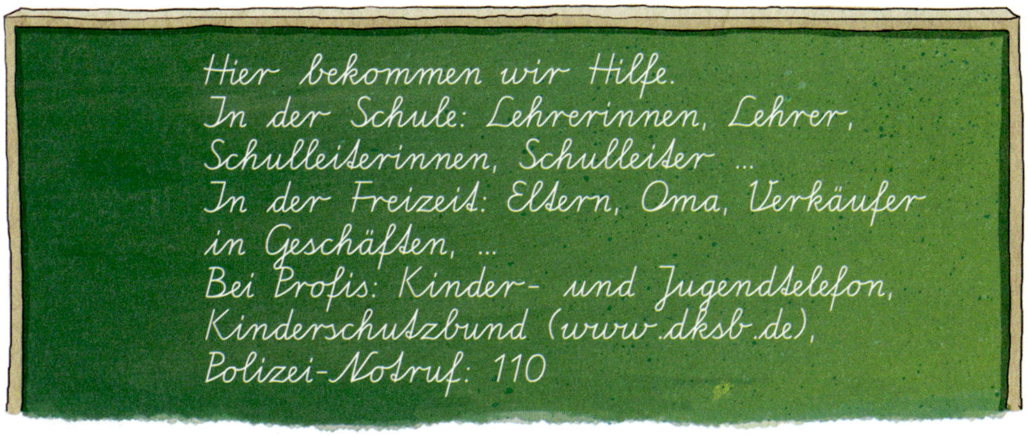

◇◇◇ **4** Hast du schon einmal eine schwierige Streitsituation oder einen Notfall beobachtet?
Erzähle einem anderen Kind davon oder schreibe darüber.

Auf der Kakaoplantage

1 Lest den Text.

Evrad lebt in Ghana. <u>Evrad</u> ist acht Jahre alt.
Sein Vater besitzt eine kleine Kakaofarm. Jeden Tag hilft Evrad <u>seinem Vater</u>. Seine Mutter möchte, dass Evrad zur Schule geht. <u>Seine Mutter</u> hofft, dass Evrad dort lesen und schreiben lernt. Aber die Familie ist zu arm, um das Schulgeld zu bezahlen. <u>Die Familie</u> braucht eine gerechte Bezahlung für ihre Kakaobohnen.
Der **faire Handel** könnte <u>der Familie</u> helfen.

er

ihm

sie

sie

ihr

2 Ersetze beim Abschreiben die unterstrichenen Wörter mit den Wörtern in den Kästen.

3 Besprecht, was man unter **fairem Handel** (engl. fair trade) versteht.

4 Beschreibt den Tagesablauf von Evrad.
Die Bilder und Stichpunkte helfen euch dabei.

So sehen Evrads Tage aus:

- 5:00 Uhr, aufstehen, Banane zum Frühstück
- langer, anstrengender Fußweg zur Kakaoplantage
- mit giftigen Chemikalien Schädlinge bekämpfen
- mit der Machete Kakaoschoten abschlagen und öffnen
- Kakaobohnen herauslösen und zum Trocknen auslegen
- Wurzelgemüse zum Mittagessen
- Kakaobohnen in Säcke füllen und zum Sammelplatz schleppen
- 17:00 Uhr, Heimweg

5 Vergleiche Evrads Tagesablauf mit deinem eigenen. Schreibe so:

	ich	Evrad
morgens	Müsli zum Frühstück	...
vormittags	Schule	...

6 Überlegt, welche Kinderrechte im Fall von Evrad verletzt werden.

▸ Wortarten kennenlernen: Pronomen
▸ Texte strukturieren
▸ Sprache untersuchen: S. 23
▸ Arbeitsheft: S. 13
▸ Fö/Fo: S. 46 /Nr. 95, 96

◇ **7** Lest euch die folgende Geschichte durch.

Was Evrad einmal erlebt hat

Einmal ist mir auf dem Weg zur Plantage fast
etwas Schreckliches passiert.
Zum Glück ist aber alles noch einmal gut gegangen.

Ich ging auf dem Sandweg zur Plantage.
Natürlich war ich wie immer barfuß.
Da hörte ich auf einmal ein Geräusch.
Es war eine Puffotter, eine Giftschlange.
Und da sah ich sie auch schon.
Sie hatte ihren Kopf gehoben und zischte mich an.
Ich ging ganz langsam weiter.
Nur nicht die Schlange aufregen, dachte ich.
Vorsichtig schlich ich mich an ihr vorbei.

Da …

◇◇ **8** Die Geschichte von Evrad hat einen kurzen Anfang
und einen längeren Hauptteil, in dem etwas passiert.
Der Schlussteil fehlt noch.
Wie könnte die Geschichte ausgehen?
Sprecht miteinander darüber.

◇◇◇ **9** Schreibe die Geschichte zu Ende.
Beachte dabei, was Evrad am Anfang berichtet hat.

- Aufbau einer Geschichte kennenlernen
- Schreibideen entwickeln

▶ Texte verfassen: S. 24
▶ Arbeitsheft: S. 14
▶ Fö/Fo: S. 16, 17 /Nr. 37, 38

Fairer Handel

◇ **1** Lest den Text und die Sprechblasen und sprecht darüber.

Die Kakaobauern in Evrads Dorf haben beschlossen, ihren Kakao in Zukunft an den fairen Handel zu verkaufen. Die Kinder müssen dann nicht mehr arbeiten.
Die Firmen, die den Kakao kaufen, verpflichten sich, immer einen gerechten Preis für die Kakaobohnen zu bezahlen.
So verdienen die Bauern mehr Geld.
Evrads Familie freut sich sehr und schmiedet Pläne für die Zukunft.

◇◇ **2** Sprecht darüber, was **fair** in diesem Zusammenhang bedeutet.

◇◇ **3** Schreibe mögliche Hoffnungen und Wünsche der Familie auf. Beginne die Sätze mit den Wörtern aus dem Wortkasten:
Evrad: Hoffentlich kann ich bald eine Schule besuchen.
Mutter: ...

hoffentlich	bestimmt	wahrscheinlich	vielleicht
sicherlich	vermutlich	in Zukunft	

◇◇◇ **4** Was haben diese Kinderrechte mit Evrad und dem **fairen Handel** zu tun? Sprecht darüber.

Alle Kinder haben das Recht,
- gesund zu leben und keine Not zu leiden.
- zu lernen und eine Ausbildung zu machen.
- zu spielen und sich zu erholen.

Tipp

Fairer Handel
- keine Kinderarbeit
- gerechte Bezahlung
- kein Einsatz von Chemikalien

- Bedeutung von Fremdwörtern klären
- Sprachmuster anwenden

▸ Reise ins Universum: S. 105, 110

▸ Arbeitsheft: S. 58, 61

Ideenkiste

Kinderrechte-Rallye

Welche Kinderrechte kennt ihr nun? Schreibt sie auf.

Findet in Büchern, Kinderzeitschriften oder im Internet (www.kindersache.de, www.unicef.de, www.younicef.de, www.richtig-wichtig.org) noch weitere Kinderrechte heraus. Ergänzt eure Kinderrechte-Sammlung.

Führt eine Kinderrechte-Rallye durch:
- Sucht in eurer Schule nach Beispielen dafür, dass Kinderrechte umgesetzt werden oder dass sie nicht umgesetzt werden.
- Beschreibt die Beispiele, macht Fotos und sprecht darüber.
- Klebt eure Texte und eure beschrifteten Fotos auf die Plakate.

Macht eine Kinderrechte-Rallye in eurer Stadt, in eurem Stadtteil oder in eurem Ort.

Ein Interview vorbereiten und durchführen

◇ **1** Schaut euch das Bild an und lest den Text in den Sprechblasen.

◇◇ **2** Welche Fragen haben die Kinder dem Schulleiter gestellt? Schreibe sie auf.

◇◇◇ **3** Welche Fragen könnten die Kinder noch stellen? Schreibe mindestens drei Fragen auf.

◇ **4** Lest den Tippkasten zur Vorbereitung eines Interviews.

Tipp

Ein Interview vorbereiten

- Suche ein Thema, über das du etwas wissen möchtest.
- Finde heraus, wen du zu diesem Thema befragen kannst.
- Überlege dir Fragen und schreibe sie auf. Deine Fragen sollten nicht mit ja oder nein beantwortet werden können.
- Vereinbare mit deinem Interviewpartner Ort und Zeitpunkt.
- Übe das Interview vor dem Spiegel oder mit einem Partner.

◇◇ **5** Wen könntest du befragen, wenn du …

a. wissen möchtest, was dein Name bedeutet?

b. etwas über die Geschichte deiner Stadt erfahren willst?

◇◇ **6** Schaut euch das Bild vom Interview noch einmal genau an. Auf was solltet ihr achten, wenn ihr ein Interview durchführt?

verabschieden | bedanken | begrüßen | Blickkontakt | Notizen

◇◇◇ **7** Bereitet nun selbst ein Interview vor und führt es durch.

Lernen lernen

- Gespräche situationsangemessen planen: Interview
- recherchieren

▸ Ich und die anderen: S. 11
▸ Das Fahrrad und andere Erfindungen: S. 80
▸ Arbeitsheft: S. 8
▸ Fö/Fo: S. 8, 9 /Nr. 15, 16
▸ AH inklusiv: S. 12, 13

Laute unterscheiden

◇ **1** Lest den Merksatz.

> **Merksatz**
>
> **Selbstlaute** werden auch **Vokale** genannt: *a, e, i, o, u.*
> **Mitlaute** werden auch **Konsonanten** genannt: *b, c, d, f, …*

◇◇◇ **2** Überlegt gemeinsam, warum **Vokale** auch **Selbstlaute** und **Konsonanten** auch **Mitlaute** genannt werden.

> **Merksatz**
>
> Ein **Zwielaut** ist ein Doppellaut aus **zwei verschiedenen Vokalen**: *au, äu, ei, eu, ai, ui.*
> Ein **Umlaut** ist die Veränderung eines Vokals durch zwei Punkte: *ä, ö, ü.*

◇◇ **3** Suche im Wörterverzeichnis für jeden Zwielaut und Umlaut ein Beispiel. Schreibe die Wörter auf und markiere den Zwielaut oder den Umlaut.

◇◇ **4** Setze die Zwielaute **äu** und **eu** beim Abschreiben richtig ein.

tr__men h__te h__fig der L__fer das Z__gnis t__er
entt__schen die L__te der Verk__fer überz__gen

◇◇ **5** Schreibe die Wörter mit den richtigen Umlauten auf.
Markiere die Umlaute.

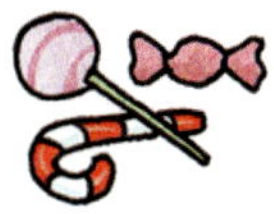

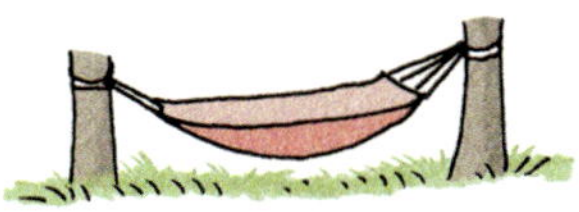

H_ngematte Br_cke M_hne r_tlich l_cheln s_ß L_ffel
das Fr_hst_ck der M_rchenerz_hler der M_llbeh_lter

◇◇ **6** Bilde Sätze, in denen mehrere Wörter von Aufgabe 5 vorkommen:
Ich liege in der rötlichen Hängematte. …

Wörter mit doppelten Konsonanten üben

◇ **1** Schreibe die Schüttelwörter richtig auf.
Markiere den doppelten Konsonanten: *kämmen, …*

mmkäen	ttef	erMess	ssuFl	ffenscha
ummst	ffLöel	nnengewi	tteMi	lleSte

Merksatz

Wenn du nach einem **kurzen Vokal** nur einen **Konsonanten** hörst, wird er beim Schreiben **verdoppelt**: *fallen, offen, die Brille.*

◇◇ **2** Schreibe die Substantive (Nomen) in der Einzahl und dann in der Mehrzahl mit Trennstrichen auf: *Stoff – Stof-fe, …*

ff:	**ll:**	**mm:**	**nn:**	**tt:**
Stoff	Brille	Nummer	Mann	Kette
treffen	sollen	stimmen	beginnen	klettern
offen	schnell	dumm	dünn	glatt
Schiff	stellen	Programm	rennen	betteln
hoffen	toll	sammeln	sonnig	kaputt

◇◇ **3** Schreibe die Verben von Aufgabe 2 mit Trennstrichen auf: *tref-fen, …*

◇◇ **4** Schreibe Sätze auf, in denen die Verben in der gebeugten Form mit **du, er** oder **es** vorkommen. Der doppelte Konsonant bleibt erhalten: *Er trifft sich heute mit seinem Freund.*

◇◇ **5** Bilde zu jedem Adjektiv eine Wortgruppe: *das offene Fenster, …*

◇◇ **6** Suche auch Wörter mit **bb, dd, gg, pp** oder **rr** und schreibe sie auf.

◇◇ **7** Schreibe Sätze, in denen viele Wörter mit doppelten Konsonanten vorkommen. Es können auch Witzsätze sein: *Die dürre Robbe buddelt …*

Lange und kurze Vokale in einer Wortfamilie üben

◇ **1** Sprich die Wörter deutlich aus.

fallen	der Retter	sie hofft	offenbar	retten	er fällt
offen	öffnen	hoffentlich	hoffen	die Rettung	der Fall

◇◇ **2** Immer drei Wörter gehören zu einer Wortfamilie. Schreibe sie geordnet auf. Markiere den kurzen Vokal mit einem Punkt:
fallen, er fällt, der Fall, ...

Merksatz

Ein **doppelter Konsonant** bleibt in den meisten Wörtern einer Wortfamilie erhalten: *treffen, sie trifft, sie hat getroffen.*

◇◇ **3** Schreibe jeweils ein Substantiv (Nomen) und ein Verb einer Wortfamilie auf: *blättern – das Blatt, ...*

~~blättern~~	der Donner	küssen	die Nummer	trennen
~~das~~ Blatt	der Kuss	donnern	die Trennung	nummerieren

Merksatz

Manchmal haben nicht alle Wörter
einer Wortfamilie einen doppelten Konsonanten.
Ein doppelter Konsonant steht nur nach einem kurzen Vokal:
kommen, kommt, kam, gekommen – reiten, reitet, ritt, geritten

◇◇ **4** Übertrage die Tabelle in dein Heft und vervollständige sie.

Präsens	*Präteritum*	*Perfekt*
ich pfeife	*ich pfiff*	*ich habe gepfiffen*
ich streite	*ich*	*ich habe*
ich	*ich fiel*	*ich bin*
ich	*ich traf*	

◇ **5** Markiere in den Wörtern von Aufgabe 4 die kurzen Vokale mit einem Punkt und die langen Vokale mit einem Strich.

Männliches, weibliches und sächliches Geschlecht unterscheiden

1 Ordne die Substantive aus der Wörterschlange wie im Beispiel:

männlich: der Onkel, … *weiblich: die Tochter, …*

Merksatz

Jedes Substantiv (Nomen) hat ein grammatisches Geschlecht. Man erkennt es am Artikel.

männlich:	***der*** *Löffel*	***der*** *Schmerz*	***der*** *Traum*
weiblich:	***die*** *Gabel*	***die*** *Freude*	***die*** *Nacht*
sächlich:	***das*** *Messer*	***das*** *Glück*	***das*** *Erlebnis*

2 Ordne die Substantive mit Artikel in die Tabelle ein. Wenn du unsicher bist, schau im Wörterverzeichnis nach.

männlich	*weiblich*	*sächlich*
der Himmel, …		

~~Himmel~~	Angst	Beispiel	Schutz	Lust	Jahr
Krieg	Land	Zeitung	Monat	Gefahr	Handy

3 Schreibe die Substantive mit Artikel auf und unterstreiche Artikel und Endung: *der Feigling, …*

Feigling	Lehrerin	Blümchen
Liebling	Tänzerin	Söckchen

4 Sucht diese Substantive im Wörterverzeichnis. Was stellt ihr fest?

Gummi Laptop Bonbon Liter Joghurt Keks

5 Schreibe die Substantive von Aufgabe 4 mit Artikeln auf.

Bestimmte und unbestimmte Artikel verwenden

Merksatz

Die Wörter *der, die, das* nennt man **bestimmte Artikel**.
Die Wörter *ein* und *eine* nennt man **unbestimmte Artikel**.
Artikel sind Kennzeichen für Substantive: *der Junge, ein Junge.*

◇ **1** Lest die beiden Texte.

Wie viele Kinder sind es?
Ein Mädchen läuft über den Schulhof.
Ein Junge steht an der Mauer.
Ein Mädchen geht zu einem Jungen und zeigt ihm etwas.

Sind das genauso viele Kinder?
Ein Mädchen läuft über den Schulhof.
Ein Junge steht an der Mauer.
Das Mädchen geht zu dem Jungen und zeigt ihm etwas.

◇◇ **2** Woran mag es liegen, dass in den Texten unterschiedlich viele Kinder vorkommen? Sprecht darüber.

Merksatz

Der **unbestimmte Artikel** sagt meistens,
dass etwas in einem Text noch **unbekannt** ist.
Der **bestimmte Artikel** sagt hingegen,
dass etwas in einem Text schon **bekannt** ist.
Ein Kind läuft umher. Das Kind stolpert.

◇◇ **3** Schreibe den folgenden Text auf. Setze ***ein, das*** oder ***der*** ein.
a. Es sollen nur ein Mädchen und ein Junge darin vorkommen.
b. Es sollen zwei Mädchen und zwei Jungen vorkommen.

Über das Spielfeld läuft ______ Mädchen.
______ Junge wirft den Ball ins Feld.
Plötzlich schießt ______ Mädchen den Ball auf das Tor.
Zum Glück kann ______ Junge ihn halten.

Singular (Einzahl) und Plural (Mehrzahl) von Substantiven bilden

1 Bilde den Plural (Mehrzahl)
und ordne die Substantive nach ihren Endungen so:

-e: Tage, …   -s: …   -en/-n: …   -er: …

Tag	Kind	Handy	Brücke	Gabel	Rind	Geist	Feld
Text	Radio	Taxi	Straße	Quadrat	Jahr	Baby	Skizze

Merksatz

Die **Einzahl** von Substantiven nennt man **Singular**.
Die **Mehrzahl** nennt man **Plural**.
Pluralendungen von Substantiven können sein:
-e: *Stifte* **-s**: *Zebras* **-en/-n**: *Betten, Namen* **-er**: *Kinder*
Manche Substantive werden im Plural mit Umlaut **und** Endung gebildet: *Wälder, Blätter*.

2 Sucht im Wörterverzeichnis den Plural dieser Wörter.
Was fällt euch auf?

Onkel	Löffel	Schüler	Balken	Tiger	Mädchen

3 Schreibe die Wörter von Aufgabe 3 im Singular und Plural in dein Heft: *der Onkel – die Onkel, …*

Merksatz

Einige Substantive gibt es **nur** im **Singular** (Einzahl): *das Obst*, und einige **nur** im **Plural** (Mehrzahl): *die Eltern*.

4 Ordne die folgenden Substantive richtig zu und schreibe kurze Sätze auf:
a. Substantive nur im Singular: *Das Obst ist reif.*
b. Substantive nur im Plural: *Die Eltern sind verreist.*

Obst	Eltern	Geschwister	Laub	Schnee	Leute	Wut

▸ sprachliche Begriffe kennenlernen und anwenden: Singular und Plural

▸ Ich und die anderen: S. 7   ▸ AH inklusiv: S. 50, 51

Pronomen verwenden

◇ **1** Setzt beim Lesen die Wörter **sie**, **er**, **ihr**, **ihn**, **ich**, **dir** ein.

Julia kann ihre Hausaufgaben nicht allein machen.
Deswegen ruft Julia Paul an. Paul muss Julia unbedingt helfen.
Paul mag Julia gern. Und Julia mag Paul auch.
„Julia kann das nicht!“, sagt Julia.
„Dann muss Paul es Julia eben zeigen“, sagt Paul.

◇◇ **2** Ersetzt die unterstrichenen Namen durch passende Pronomen.

Merksatz

Ein **Pronomen** ist ein Wort,
das für ein Substantiv eingesetzt werden kann.
So müssen sie in einem Text nicht ständig wiederholt
werden. Pronomen sind:
ich *(mir, mich),* ***du*** *(dir, dich),* ***er*** *(sich, ihm, ihn),* ***sie*** *(sich, ihr),* ***es*** *(sich, ihm),* ***wir*** *(uns),* ***ihr*** *(euch),* ***sie*** *(ihnen).*

◇◇ **3** Setze beim Abschreiben das passende Pronomen in die Lücken ein.

Elena ist neu in der Klasse. _____ sitzt neben Leon.
_____ hilft ihr bei manchen Übungen. Meine Mutter und ich haben einen Kuchen gebacken. _____ wollen Elena einladen.

◇◇ **4** Lest den Brief. Was fällt euch auf?

Lieber Herr Lange,
zu Ihrem Geburtstag wünsche ich Ihnen alles Gute. Freuen Sie sich über meine Karte? Hoffentlich sind an Ihrem Festtag Ihre Freunde bei Ihnen. Was haben Sie geschenkt bekommen?
Viele Grüße Ihr Jonas

Merksatz

In einem Brief an eine Person, die man mit **Sie** anspricht, werden die **Anredepronomen** großgeschrieben: ***Sie, Ihr, Ihre, Ihnen.***

◇◇ **5** Schreibe den gleichen Brief an einen Freund in der du-Form.

▸ Wortarten kennenlernen: Pronomen
▸ sprachliche Regeln anwenden
▸ Ich und die anderen: S. 12
▸ Arbeitsheft: S. 13
▸ Fö/Fo: S. 46 /Nr. 95, 96

Geschichten entwickeln

◇ **1** Lest den Text im Tippkasten.

Tipp

- Jede Geschichte besteht aus mehreren Teilen, die zusammenpassen müssen.
- Die Einleitung enthält wichtige Informationen und macht Lust aufs Weiterlesen.
- Im Hauptteil passiert etwas Ungewöhnliches, Besonderes, Spannendes oder Problematisches.
- Am Schluss wird kurz erzählt, wie die Geschichte ausgeht.

◇◇ **2** Vergleiche die beiden Einleitungen der Geschichten. Welche Einleitung gefällt dir besser?

Die Fenster im Klassenzimmer waren weit geöffnet, weil es so heiß war. Unsere Klasse brütete über einer kniffligen Textaufgabe.	Es war heiß. Es war langweilig. Wir hatten überhaupt keine Lust auf Mathe.

◇ **3** Lest nun den Hauptteil der Geschichte.

Plötzlich hörten wir ein lautes Summen. Eine Hornisse war im Klassenzimmer! Einige Kinder begannen zu kreischen. Andere wedelten wild mit den Armen. Nur Tim blieb gelassen. Er schnappte sich ein leeres Wasserglas.

◇ **4** Suche dir eine Einleitung aus. Schreibe diese Einleitung und den Hauptteil der Geschichte ab.

◇◇◇ **5** Wie könnte die Geschichte zu Ende gehen? Schreibe einen kurzen Schluss. Lies ihn anderen Kindern vor.

- Aufbau einer Geschichte kennenlernen
- Schreibideen entwickeln

▸ Ich und die anderen: S. 13
▸ Im Jahreskreis: S. 138
▸ Arbeitsheft: S. 14
▸ Fö/Fo: S. 16, 17 /Nr. 37, 38

Übungskiste 1

◇ **1** Ordne die Wörter nach ihrem Anfangslaut.

Konsonant: fair, … *Zwielaut: …*
Umlaut: … *Vokal: …*

fair Idee aufräumen ähnlich Beispiel eigentlich ärgern Interview Europa östlich deutsch anders außen üben zurück Onkel

◇◇ **2** Finde zu jedem Wort zwei weitere Wörter aus der Wortfamilie und unterstreiche die doppelten Konsonanten:

hoffentlich, hoffen, …

~~hoffentlich~~ öffnen er schwimmt er stellt her

◇◇ **3** Setze beim Abschreiben die Verben im Perfekt ein.

Der Vogel pfeift. Er hat ___.
Die Kinder streiten sich. Sie haben sich ___.
Wir treffen uns im Hof.
Wir haben uns im Hof ___.

bitten, bittet, bat, gebeten
deutsch
Europa
fair
herstellen, stellt her
die Herstellung
hoffen, hofft
die Hoffnung
das Interview, die Interviews
pfeifen, pfeift, pfiff, gepfiffen
schwimmen, schwimmt
das Schwimmbad
streiten, streitet, stritt, gestritten

◇ **4** Schreibe den Text ab.

Abschreibtext

Liebe Frau Lehmann,
ich sende Ihnen sonnige Grüße von der Ostsee.
Das Wetter und der Strand sind toll.
Jeden Tag lese ich in Ihrem Buch.
Ich wünsche Ihnen noch schöne Ferien.
Mit herzlichen Grüßen
Ihre Svenja

◇◇ **5** Schreibe den Text an einen Freund oder eine Freundin in der du-Form.

Übungskiste 2

1 Schreibe die Wörter aus der Wörterschlange mit dem bestimmtem Artikel auf.

2 Bilde den Plural der Substantive und ordne so:

-e: Gesetze, …
-s:
-en/ -n:
-er:

Gesetz	Foto	Kind	Krieg
Gefahr	Nummer	Haus	Taxi
Quadrat	Teddy	Land	Tante

3 Setze **ein** oder **der** in die Textlücken ein. Schreibe den Text so ab, dass nur **ein** Fisch und **ein** Frosch darin vorkommen.

In unserem Teich schwimmt ______ Fisch herum.
Auf einem Blatt sitzt ______ Frosch.
Plötzlich springt ______ Frosch ins Wasser
und ______ Fisch taucht auf.

4 Setze die passenden Pronomen in die Lücken ein.

Ich helfe dir, denn ich mag ______.
Und du hilfst mir, denn du magst ______.
So helfen wir ______ gegenseitig.

dich
mich
uns

5 Schreibe die Geschichte ab.

Es ging gerade noch einmal gut.
Die Kinder rannten zur Pause auf den Schulhof.
Plötzlich rutschte ein Junge aus und fiel die Treppe hinunter.
Er hatte sich überschlagen, und jetzt lag er da. …

6 Wie könnte die Geschichte weitergehen? Schreibe einen Schluss.

das Blümchen
der Brief
das Buch
das Foto,
die Fotos
die Gefahr,
die Gefahren
das Gesetz,
die Gesetze
das Haus,
die Häuser
die Hoffnung
das Kind,
die Kinder
der Krieg,
die Kriege
das Land,
die Länder
die Mutter
die Nummer,
die Nummern
der Onkel,
die Onkel
das Quadrat,
die Quadrate
die Tante,
die Tanten
das Taxi,
die Taxis
der Teddy,
die Teddys

- Rechtschreibstrategien, Arbeitstechniken und Übungsformen anwenden
- Sprache untersuchen: S. 22, 23
- Texte verfassen: S. 24
- Arbeitsheft: S. 12, 14
- Fö/Fo: S. 46, 16 /Nr. 37, 38, 95, 96
- AH inklusiv: S. 50, 51

Was kann ich nun?

Weißt du, was du nun alles kannst? Teste dich selbst!

1 Vervollständige beim Abschreiben die Lücken.

Selbstlaute werden auch _____ genannt und Mitlaute nennt man auch _____. Ein Zwielaut besteht aus _____ verschiedenen _____. Die Laute ä, ö und _____ nennt man _____.

2 Schreibe zu jedem Bildwort ein Substantiv und ein Verb auf.

3 In jedem Satz haben sich zwei Fehler versteckt.
Schreibe die Sätze richtig auf.

Komm, wir gehen zusamen schwimen! Meine Brile ist kaput.
Einige Kinder könen schnell renen.

4 Setze **ein** oder **der** in die Textlücken ein. Schreibe den Text so ab, dass **zwei** Fische und **zwei** Frösche darin vorkommen.

In unserem Teich schwimmt _____ Fisch herum.
Auf einem Blatt sitzt _____ Frosch.
Plötzlich springt _____ Frosch ins Wasser
und _____ Fisch taucht auf.

5 Schreibe die Schüttelwörter mit bestimmtem Artikel im Singular und Plural auf.

iftSt | oidRa | ldaW | ezzSki | gaT | dinK | emNa | ndHay

6 Setze beim Abschreiben die passenden Pronomen ein.

ihm
sich
mir
mich

Er duscht _____. Das macht _____ Spaß.
Ich trockne _____ ab und kämme _____ die Haare.

Im Wald unterwegs

Unser Wald

◇ **1** Seht euch das Bild vom Wald genau an.
Was entdeckt ihr? Sprecht darüber.

◇◇ **2** Übertrage die Tabelle in dein Heft.
Ordne die Namen der Tiere und Pflanzen ein.

Tiere	Pflanzen
Baummarder	Fichte

◇◇◇ **3** Was kann man im Wald sehen,
hören und fühlen? Tauscht euch aus.

▸ funktionsangemessen sprechen
▸ Informationen ordnen

▸ Forderkartei: Nr. 23–26
▸ AH inklusiv: S. 14–17

Der Wald – ein Haus

Eichelhäher mit Eichel

1 Lest den Text.

Schichten des Waldes
Der Wald ist wie ein Haus
aus mehreren Stockwerken aufgebaut.
Den Keller nennt man **Wurzelschicht**.
Sie wird von den Wurzeln der Pflanzen
durchzogen. Dort leben winzige Tiere.
Das Erdgeschoss nennt man **Moos**- oder **Bodenschicht**.
Hier gibt es Moose, Flechten und Pilze.
Die **Krautschicht** ist das erste Obergeschoss.
Dort wachsen Gräser, Farne und Kräuter. Bienen, Käfer
und Schmetterlinge finden in der Krautschicht ihre Nahrung.
In den Sträuchern und Büschen der **Strauchschicht**,
dem zweiten Obergeschoss, bauen Vögel ihre Nester.
Das Dachgeschoss nennt man **Baumschicht**.
In den Baumkronen flitzen die Eichhörnchen umher.
Hier leben und brüten auch Greifvögel.

◇◇ **2** Warum werden die Schichten des Waldes mit einem Haus verglichen? Sprecht darüber.

◇ **3** Schreibe die folgenden Sätze in dein Heft.

Wir pflanzen heute Bäume, um später das Holz zu nutzen.
Ein Eichhörnchen mit buschigem Schwanz flitzt den Baum hoch.
In der Hitze des Sommers tanzen Insekten in der Waldluft.
Auf dem Ast sitzt ein Rabe und krächzt.

◇ **4** Unterstreiche im Text die Wörter, in denen ein **tz** vorkommt, einmal.
Unterstreiche die Wörter, in denen **nur** ein **z** vorkommt, zweimal.

- Fachbegriffe kennen
- auf rechtschriftliche Besonderheiten achten

▶ Richtig schreiben: S. 37
▶ Lernen lernen: S. 34
▶ Arbeitsheft: S. 16, 19
▶ Fö/Fo: S. 32, Nr. 23–26, 72
▶ AH inklusiv: S. 14–15

Wozu brauchen wir den Wald?

◇ **1** Lest den Text.

Der Wald
Viele Tiere und Pflanzen brauchen den Wald als Lebensraum. Dort entdecken wir verschiedene Laubbäume und Nadelbäume. Die Blätter der Pflanzen geben Sauerstoff an die Luft ab. Sauerstoff benötigen wir zum Atmen.
Wenn es regnet, saugt der Waldboden das Wasser wie ein Schwamm auf. Langsam sickert es durch die Erdschichten und wird so gereinigt. Es sammelt sich als Grundwasser.
Aus dem Grundwasser wird unser Trinkwasser gewonnen.
Die Wurzeln der Bäume und Sträucher halten den Erdboden fest.
So wird der Boden bei starkem Regen und Wind nicht fortgetragen.
Im Wald können wir spazieren gehen, verstecken spielen, Beeren pflücken und Pilze sammeln.
Einige Menschen verdanken dem Wald ihren Arbeitsplatz: zum Beispiel Förster, Waldarbeiter, Tischler und Instrumentenbauer.
Bäume werden im Wald gefällt. Das getrocknete Holz wird in Fabriken zu Möbeln, Papier oder Instrumenten verarbeitet.

◇ **2** Schreibe Stichpunkte zur Bedeutung des Waldes auf.

Der Wald ist wichtig
– Lebensraum ...
– Sauerstoff ...
– Tr...

◇◇ **3** Sprecht mithilfe der Stichpunkte über die Bedeutung des Waldes.

◇ **4** Schreibe die unterstrichenen Wörter untereinander in dein Heft:

Wörter mit ck: entdecken
ver...

Wörter mit k: Trinkwasser
st...

◇◇ **5** Füge ein verwandtes Wort hinzu:

Wörter mit ck: entdecken – Entdeckung –
Wörter mit k: Trinkwasser – ...

◇◇ **6** Was könnte dem Wald schaden? Stellt Vermutungen an.

▸ Informationen entnehmen
▸ mit Wortfamilien arbeiten
▸ Vermutungen anstellen

▸ Richtig schreiben: S. 36
▸ Lernen lernen: S. 34

▸ Arbeitsheft: S. 16, 18
▸ Fö/Fo: S. 31 /Nr. 23–26, 71
▸ AH inklusiv: S. 16-17

Arbeiten im Wald

◇ **1** Lest den Text. Wie verändern sich die markierten Wörter?

Besuch beim Förster
Der Förster arbeitet im Wald. Das Revier **des Försters** ist groß.
Oft begegnen **dem Förster** Rehe und andere Tiere.
Unsere Klasse trifft **den Förster** bei der Arbeit.

◇◇ **2** Setzt beim Lesen **der Förster** in der richtigen Form ein.

 kennzeichnet die Bäume, die gefällt werden müssen.

Die Kleidung  ist meist grün.

Wir stellen  viele Fragen.

Es freut , dass wir so viel wissen wollen.

◇ **3** Schreibe den Lückentext vollständig in dein Heft.
Unterstreiche die eingesetzten Substantive mit ihren Artikeln.

◇ **4** Lest, was die Kinder der Klasse 4a mit dem Förster besprechen.

Sophie fragt: „Warum haben manche Bäume einen farbigen Punkt?“ „So kennzeichnen wir die Bäume, die gefällt werden müssen“, antwortet Herr Grüning. Er fügt hinzu: „Kranke Bäume können umstürzen.“ Paul will wissen: „Warum werden auch gesunde Bäume gefällt?“ „In den Wäldern“, erklärt Herr Grüning, „wird Holz für Möbel, Papier und zum Heizen geschlagen.“
Jana fragt Herrn Grüning: „Warum werden Bäume krank?“ „Schädlinge, Pflanzenkrankheiten und auch Rehe können ihnen schaden. Rehe beißen oft die Spitzen von jungen Bäumen ab, weil sie ihnen so gut schmecken“, antwortet der Förster. „Danke für das Gespräch!“, rufen die Kinder.

◇ **5** Schreibe den Text von Aufgabe 4 in dein Heft.

◇◇ **6** Unterstreiche die Redesätze und markiere die Zeichen der wörtlichen Rede farbig.

Waldtierfabel

◇ **1** Lest den Text.

Der Fuchs und der Rabe

Ein Rabe saß auf einem Baum
und hielt einen Käse im Schnabel.
Gerade wollte er ihn fressen, da kam ein Fuchs
und ließ sich unter dem Baum nieder. Er dachte nach,
wie er an den Käse kommen könnte. Da hatte der Fuchs
eine Idee. Freundlich begann er, den Raben zu loben:
„Oh Rabe, was bist du für ein wunderbarer Vogel!
Wenn dein Gesang ebenso schön ist wie dein Gefieder,
dann sollte man dich zum König der Vögel krönen!“
Das schmeichelte dem Raben
und das Herz schlug ihm vor Freude höher.
Stolz riss er seinen Schnabel auf
und begann zu krächzen – da fiel der Käse hinunter.
Der Fuchs schnappte den Käse und fraß ihn auf.
„He, das war gemein!“, empörte sich der Rabe.
Aber der Fuchs lachte nur über den törichten Raben.
Der Rabe, bestürzt und beschämt, nahm sich vor,
dass man ihn nie wieder reinlegen sollte.

nach Jean de La Fontaine

◇ **2** Erzählt die Fabel nach.

◇◇ **3** Ergänze beim Abschreiben der folgenden Zeilen die Lücken.

sitzen – er sitzt – er saß – er hat gesessen
___ – *er frisst – er fraß – er hat* ___
lassen – ___ – ___ – ___
___ – ___ – ___ – *er hat gerissen*

◇◇ **4** Markiere in den Wörtern von Aufgabe 3 den Vokal vor **ß** und **ss**.
Verwende für den langen Vokal einen Strich,
für den kurzen Vokal einen Punkt.

Ideenkiste

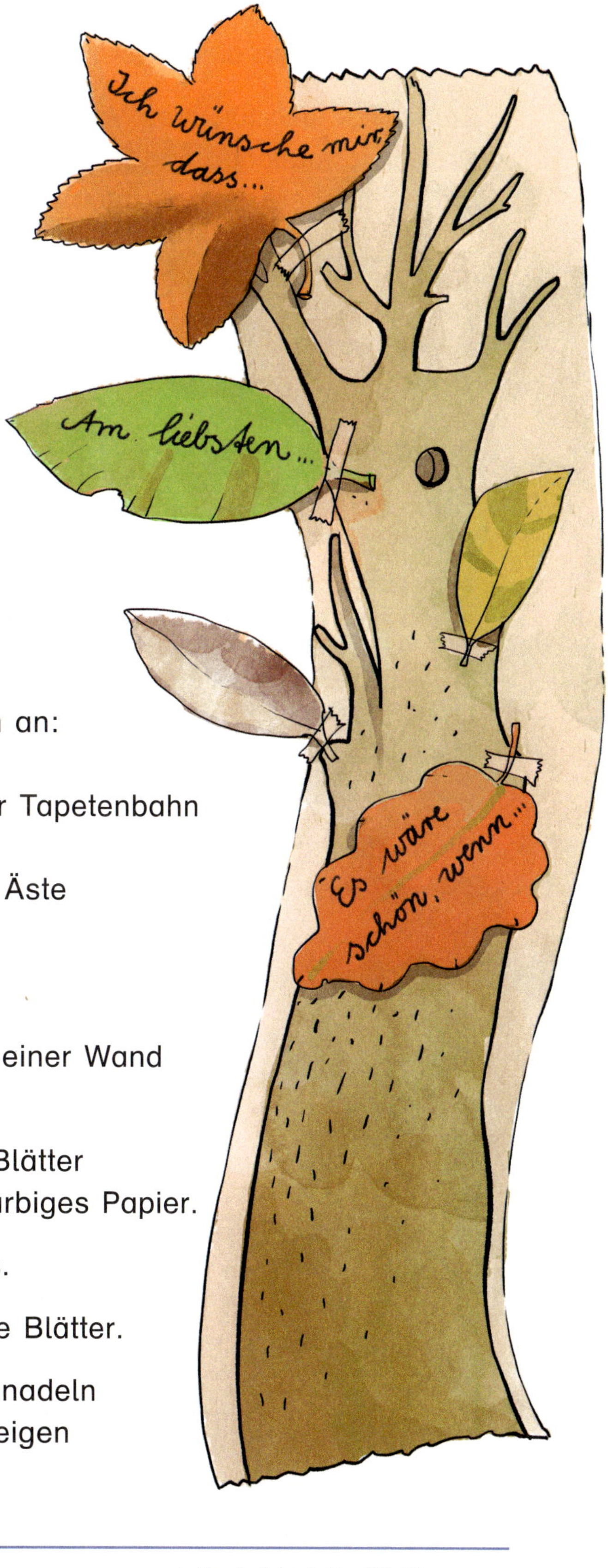

Der Wunschbaum

An einem Wunschbaum
könnt ihr Blätter
mit euren Wünschen befestigen.

Materialliste:

- Tapetenrolle
- Stifte
- Wasserfarben
- Schablonen für verschiedene Laubblätter
- Schere
- Papier
- Pinnnadeln oder Klebestreifen

So fertigt ihr euren Wunschbaum an:

1. Zeichnet auf die Rückseite der Tapetenbahn mit Bleistift einen Baum. Er sollte einen Stamm, große Äste und einige Zweige haben.
2. Gestaltet den Baum farbig.
3. Befestigt nun euren Baum an einer Wand im Klassenraum.
4. Zeichnet die Umrisse einiger Blätter mithilfe der Schablonen auf farbiges Papier.
5. Schneidet die Blattformen aus.
6. Schreibt eure Wünsche auf die Blätter.
7. Befestigt eure Blätter mit Pinnnadeln oder Klebestreifen an den Zweigen des Baumes.

Informationen sammeln und präsentieren

◇ **1** Lest, wie Emma einen Vortrag vorbereitet und hält.

Emma hat sich für ihren Vortrag ein Thema ausgesucht. Erste Informationen findet sie in einem Lexikon, in Sachbüchern und im Internet.

Emma nutzt für die Vorbereitung ihres Vortrages:

- Bilder/Fotos
- Bücher
- Landkarten
- Prospekte
- Zeitungen/Zeitschriften

Damit ihr Vortrag anschaulich wird, gestaltet sie ein Plakat.

Tipp

Plakat gestalten
- nur das Wichtigste heraussuchen
- wenig Text einsetzen
- sauber und lesbar schreiben
- gut sichtbare Überschriften nutzen
- große, farbige Bilder auswählen
- alles übersichtlich anordnen

Damit Emma frei vortragen kann, schreibt sie die wichtigsten Informationen auf Stichwortkarten.

Tipp

Vortrag halten
- einen spannenden Einstieg finden
- das Thema des Vortrages nennen
- aus Stichpunkten ganze Sätzen formulieren
- laut und deutlich sprechen
- die Zuhörer anschauen
- das Plakat beim Vortrag einbeziehen

◇◇ **2** Sammle zu einem Thema Informationen. Präsentiere sie mithilfe eines Plakats.

◇◇◇ **3** Wertet den Vortrag gemeinsam aus. Nutzt die Kriterien aus den Tippkästen.

- Informationen einholen und weitergeben
- verschiedenen Medien Informationen entnehmen und aufbereiten

▸ Im Wald unterwegs: S. 30
▸ Im Jahreskreis: S. 137
▸ Arbeitsheft: S. 16

Wörter mit ss und ß unterscheiden

◇ **1** Lest euch diese Wörter gegenseitig vor.
Achtet dabei besonders auf die langen und kurzen Vokale.

wissen	er weiß	er wusste	er hat gewusst
lassen	er lässt	er ließ	er hat gelassen
fließen	er fließt	er floss	er ist geflossen
reißen	er reißt	er riss	er hat gerissen

◇ **2** Schreibe die Wörter geordnet auf:
Verbformen mit ss: wissen, … *Verbformen mit ß: er weiß, …*

◇ **3** Markiere in den Wörtern von Aufgabe 2 den kurzen Vokal mit einem Punkt, den langen Vokal mit einem Strich.

Merksatz

Für Wörter mit **ss** oder **ß** gilt:
Auf einen **kurzen Vokal** folgt **ss**.
Auf einen **langen Vokal** folgt **ß**. Auch bei **ei** und **ie** folgt **ß**.
Manchmal werden Wörter derselben Wortfamilie mit **ss** und mit **ß** geschrieben: *essen, er isst, er hat gegessen* – aber: *er aß*.

◇◇ **4** Stelle die Wörter zu vier Wortfamilien zusammen.
beißen – der Bissen – … *das Essen – …*

beißen · das Essen · der Bissen · schließen · ein bisschen
er schließt · es beißt · wir aßen · sie isst · das Schloss
schließlich · essen · verschlossen · der Esslöffel · das Gebiss

◇◇ **5** Setze beim Abschreiben **ss** oder **ß** in die Lücken ein.

Die Regengü▢e der letzten Wochen haben den kleinen Flu▢ anschwellen la▢en. Er flie▢t nun viel schneller als sonst.
Das Flü▢chen kann sich in einen rei▢enden Flu▢ verwandeln.

Richtig schreiben

▸ Rechtschreibstrategien anwenden: Vokallänge prüfen
▸ Im Wald unterwegs: S. 32
▸ Arbeitsheft: S. 17
▸ Forderkartei: Nr. 69, 70

Wörter mit k und ck üben

◇ **1** Schreibe diese Wörter ab.
Unterstreiche den Buchstaben, der vor dem **k** steht.

Borke welken stark Wolke schenken ranken Balken merken

◇◇ **2** Schreibe diese Wörter ab.
Unterstreiche immer den Buchstaben, der vor dem **ck** steht.

Hecke Jacke dreckig backen trocken drucken Geschmack

◇◇ **3** Nachdem du die Aufgaben 1 und 2 gelöst hast, kannst du die Merksätze ergänzen. Setze **kurzen Vokal – Konsonanten** ein und schreibe die Sätze in dein Heft:

Merksatz

Nach einem ___ steht ein **k**
wie in *Wolke* und in *Bank*, in *Gurke* und in *Schrank*.
Nach einem ___ steht ein **ck**
wie in *packen*, *lecken*, *zwicken*, *locken* und *jucken*.

◇◇ **4** Setze die Puzzleteile zu Verben zusammen und schreibe so: *Wörter mit k: trinken, ...*
Wörter mit ck: ...

we- trin- dan- schme- -ken -cken

◇◇ **5** Finde die Wortpaare und schreibe sie mit Trennstrichen auf: *le-cken – er leck-te, ...*

~~lecken~~	packen	ich blickte	er packte
drücken	blicken	sie drückte	~~er leckte~~

Merksatz

ck wird nie getrennt.

◇ **6** Setze beim Abschreiben **ck** oder **k** in die Lücken ein.

sich für das Pä_chen bedan_en
die geschen_te Ja_e
der kran_e Ziegenbo_
eine di_e Wol_e

▸ Rechtschreibstrategien anwenden: Vokallänge prüfen
▸ Merksätze vervollständigen

▸ Im Wald unterwegs: S. 30
▸ Arbeitsheft: S. 18
▸ Förderheft: S. 31
▸ Forderkartei: Nr. 71

Wörter mit z und tz üben

1 Schreibe die Wörter aus der Wörterschlange geordnet auf. Achte auf die Groß- und Kleinschreibung!

Wörter mit z: Pilz, … *Wörter mit tz: Hitze, …*

2 Unterstreiche in den Wörtern von Aufgabe 1 die Buchstaben, die vor **tz** und **z** stehen.

3 Nachdem du die Aufgaben 1 und 2 gelöst hast, kannst du die Merksätze ergänzen. Setze **kurzen Vokal – Konsonanten** ein und schreibe die Merksätze in dein Heft.

Merksatz

Nach einem ______ steht ein **z**
wie in *tanzen* und in *Holz*, in *Wurzel* und in *Stolz*.
Nach einem ______ steht ein **tz**
wie in *putzen* und *spritzig*, in *kratzen* und *witzig*.

4 Stelle die Wörter zu Reimpaaren zusammen: *Herz – Schmerz, …*

~~Herz~~	Blitz	~~Schmerz~~	kurz	pflanzen	hitzig
Sturz	blitzen	witzig	flitzen	Schlitz	tanzen

5 Finde die Wortpaare und schreibe sie mit Trennstrichen auf:
nüt-zen – sie nütz-te, …

~~nützen~~ er petzte kratzen es platzte schützen anspitzen
es kratzte platzen ich schützte ~~sie nützte~~ petzen sie spitzte an

6 **z** oder **tz**? Schreibe die Wörter richtig in dein Heft. Kontrolliere mit dem Wörterverzeichnis.

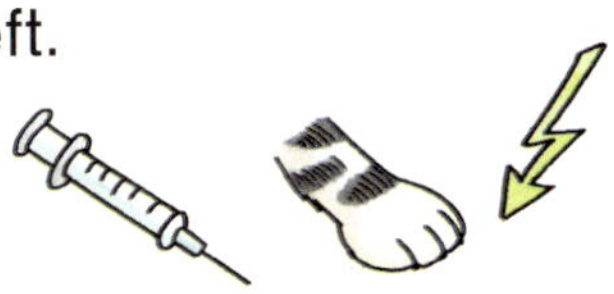

Spri_e Tan_ grun_en Bli_ Ta_e Wan_e

Substantive in den vier Fällen verwenden 1

◇ **1** Lest euch die Texte in den Sprechblasen durch.

Merksatz

Substantive können in **vier verschiedenen Fällen** vorkommen:

Nominativ (Wer oder was?):	*der Wurm*	*die Schnecke*	*das Tier*
Genitiv (Wessen?):	*des Wurms*	*der Schnecke*	*des Tieres*
Dativ (Wem?):	*dem Wurm*	*der Schnecke*	*dem Tier*
Akkusativ (Wen oder was?):	*den Wurm*	*die Schnecke*	*das Tier*

◇ **2** Setzt beim Vorlesen den Artikel richtig ein.

Im Laub sitzt **der Igel**.
____ Wurm lockert den Rasen.
____ Schnecke kriecht über ein Blatt.
Über den Weg huscht ____ Tier.

der die das

◇◇ **3** Bilde die Frage nach dem Nominativ: Wer oder was?
Schreibe so: *Wer oder was sitzt im Laub? – der Igel*

◇ **4** Setze auch hier beim Vorlesen den Artikel richtig ein.

Wir sollen **den Igel** nicht anfassen.
Ich sehe ____ Schnecke.
Der Igel frisst ____ Wurm.
Wir müssen ____ Tier in Ruhe lassen.

die den das

◇◇ **5** Bilde die Frage nach dem Akkusativ: Wen oder was?
Schreibe so: *Wen oder was sollen wir nicht anfassen? – den Igel*

▸ sprachliche Strukturen und Begriffe kennen und gebrauchen: vier Fälle

▸ Im Wald unterwegs: S. 31
▸ Arbeitsheft: S. 20, 21
▸ Förderheft: S. 44
▸ Forderkartei: Nr. 91, 92

Substantive in den vier Fällen verwenden 2

◇ **1** Setze auch hier beim Vorlesen den Artikel richtig ein.

Die Stacheln **des Igels** sind spitz.
Der Igel braucht das Fleisch ______ Wurms als Nahrung.
Das Gehäuse ______ Schnecke ist fest.
Den Lebensraum ______ Tiere müssen wir schützen.

des | der | der

◇◇ **2** Bilde die Frage nach dem Genitiv: Wessen?
Schreibe so: *Wessen Stacheln sind spitz? – die Stacheln des Igels*

◇ **3** Setze auch hier beim Vorlesen den Artikel richtig ein.

Es geht **dem Igel** sehr gut.
Die lockere Erde gefällt ______ Wurm.
Blätter dienen ______ Schnecke als Nahrung.
Insekten schmecken ______ Tier besonders gut.

dem | der | dem

◇◇ **4** Bilde die Frage nach dem Dativ: Wem?
Schreibe so: *Wem geht es sehr gut? – dem Igel*

◇◇ **5** Setzt beim Lesen **der Bussard** im richtigen Fall ein.

Der Bussard 

In der Natur könnt ihr manchmal  beobachten.  ist ein Greifvogel. Die Lebensräume  sind Wälder und Gehölze an Feldern und Wiesen. Die Flügelspannweite  beträgt rund 130 cm.  ist 50 cm lang. Das Weibchen  ist etwas größer als das Männchen.  hat ein bräunliches Gefieder.  schmecken Feldmäuse am besten.

den Bussard
der Bussard
des Bussards
dem Bussard

◇◇ **6** Schreibe den Text vollständig in dein Heft.
Unterstreiche die eingesetzten Substantive mit ihren Artikeln.

Die Zeichen der wörtlichen Rede setzen 1

◇ **1** Lest den Merksatz.

Merksatz

Ein Redesatz steht in Anführungszeichen.
Im **Begleitsatz** steht, wer etwas sagt.
Steht der **Begleitsatz vorn**, folgt ein **Doppelpunkt**.
Max sagt: „Ich kann schon alles."
Begleitsatz *Redesatz*

Steht der **Begleitsatz hinten**,
wird er durch ein **Komma** vom Redesatz abgetrennt.
„Das stimmt nicht!", ruft Felix.
„Bist du dir da auch sicher?", fragt Nelly.
„Ich bin mir nicht ganz sicher", antwortet Max.

Steht der **Begleitsatz dazwischen**,
wird er **vorn** und **hinten** durch Kommas abgetrennt.
„Ganz sicher", antwortet Max, „bin ich mir nicht."

◇ **2** Lest den Text.

Der Streit um das Picknick
Die Mutter fragt: ▢Was wollen wir beim Picknick essen?▢
Lea antwortet: ▢Am liebsten Kekse!▢ ▢Immer willst du Kekse! Das ist ungesund!▢▢ schimpft die Mutter.
▢Dann musst du mich nicht erst fragen!▢▢ meckert Lea.
Da muss die Mutter lachen und sagt: ▢Du hast ja recht.▢
▢Lass uns doch einen Obstsalat zu den Keksen machen!▢▢ schlägt Lea vor. ▢O ja▢▢ meint die Mutter▢ ▢das machen wir!▢

◇◇ **3** Schreibe das Gespräch mit allen Zeichen der wörtlichen Rede auf. Unterstreiche den Begleitsatz.
Die Mutter fragt: „Was wollen wir beim Picknick essen?"

◇◇ **4** Was fällt euch auf, wenn der Begleitsatz hinten steht?

„Bist du dir da auch sicher?", fragt die Mutter.
„Ich bin mir nicht ganz sicher", antwortet Lea.
„Dann entscheide dich aber schnell!", ruft die Mutter ungeduldig.

▸ Redezeichen passend einsetzen
▸ Im Wald unterwegs: S. 31
▸ Arbeitsheft: S. 22, 23
▸ Förderheft: S. 52
▸ Forderkartei: Nr. 108

Die Zeichen der wörtlichen Rede setzen 2

◇ **1** Lest den Text.

Der Förster erklärt: „Laubbäume wachsen langsamer als Nadelbäume.“ Die Kinder fragen: „Wie kann man das Alter eines Baumes bestimmen?“ Der Förster antwortet: „Die Jahresringe zeigen das Alter des Baumes an.“

◇◇ **2** Verändere die Sätze so, dass der Begleitsatz nicht immer am Anfang steht. Schreibe so: *„Laubbäume wachsen langsamer als Nadelbäume“, erklärt der Förster.*

◇ **3** Lest die Texte in den Sprechblasen.

◇◇ **4** Schreibt das Gespräch von Aufgabe 3 mit Redebegleitsätzen und allen Zeichen der wörtlichen Rede auf: *Tim fragt: „...*

◇ **5** Lest den Text.

Tim erzählt seiner Oma ▢ ▢Wir waren am Wochenende im Wald und haben Tierspuren entdeckt▢▢
Seine Oma fragt▢ ▢Welche Spuren habt ihr denn gesehen▢▢
▢Das weiß ich nicht so genau▢▢ antwortet ihr Enkel.
▢Bring mir mal schnell das Bestimmungsbuch▢▢▢ fordert die Oma Tim auf. Sie fährt fort▢ ▢Dann können wir gemeinsam nachschauen, welche Spuren ihr entdeckt habt▢▢
▢Auf diesem Bild▢▢ sagt Tim▢ ▢sind die Spuren, die wir gesehen haben. Sie sind vom Wildschwein▢▢

◇◇ **6** Schreibe den Text mit allen Satzzeichen und den Zeichen der wörtlichen Rede auf.

Sprache untersuchen

▸ Redezeichen passend einsetzen
▸ Im Wald unterwegs: S. 31
▸ Arbeitsheft: S. 22, 23
▸ Förderheft: S. 52
▸ Forderkartei: Nr. 108

Fabeln kennenlernen

◇ **1** Schaut euch die Bilder an und lest die Texte in den Sprechblasen.

◇ **2** Erzählt, was in der Bildergeschichte passiert.

◇◇◇ **3** Spielt diese Geschichte mit verteilten Rollen.

◇◇◇ **4** Tauscht euch aus: Welche Eigenschaften und Gefühle haben der Fuchs und der Storch?

Fabeln lesen und untersuchen

◇ **1** Lest die Fabel.

Der Fuchs und der Storch
Der Fuchs hatte den Storch zum Essen eingeladen.
Leider konnte der Storch nicht mitessen.
Der schlaue Fuchs hatte die Speisen
auf einen flachen Teller gelegt.
Der Storch bedankte sich trotzdem für die Einladung
und lud den Fuchs nun auch zum Essen ein.
Am nächsten Tag ging der Fuchs zum Storch.
Der Storch lächelte, als er dem Fuchs das Essen
in Flaschen servierte.
Der Fuchs ließ hungrig den Kopf hängen
und verstand, was der Storch ihm sagen wollte.

◇ **2** Sprecht über die Fabel.
Wie verhält sich der Fuchs? Wie verhält sich der Storch?

◇◇◇ **3** Was wollte der Storch dem Fuchs sagen?
Lest die Sätze in den Sprechblasen
und begründet eure Auswahl.

A Wenn du nicht reingelegt werden möchtest, dann leg auch keinen anderen rein.

B Nimm nichts, was dir nicht gehört!

C So geht es einem, der denkt, er sei der Schlauste.

Was in Fabeln vorkommt

◇ **1** Lest die Merkmale von Fabeln:

Die **Figuren** sind Tiere mit bestimmten Eigenschaften:
der dumme Esel, der mächtige Löwe, …
Die **Eigenschaften** der Tiere in einer Fabel
sind oft gegensätzlich: schlau – dumm, …
Der **Ablauf** ist meistens ähnlich:

- Oft treffen sich zwei Tiere.
- Es gibt ein Problem.
- Es kommt zu einer überraschenden Lösung.
- Häufig gibt es am Schluss eine **Lehre.** Hier steht, was man aus der Fabel lernen kann.

Tipp
Auch Fabeln haben eine Einleitung, einen Hauptteil und einen Schluss.

◇ **2** Lest die Fabel.

Der Löwe und die Maus
Der Löwe schlief im Schatten eines Baumes.
Da lief ihm eine Maus über den Bauch.
Aus dem Schlafe erwacht, packte er das Tier mit seiner Pranke und wollte es verspeisen. Da bat ihn die Maus: „Lass mich bitte laufen! Ich werde mich eines Tages dafür dankbar zeigen."
Der Löwe konnte darüber nur lachen. Doch er gab die Maus frei und ließ sie laufen. Wenig später wurde der Löwe von Jägern gefangen und an einen Baum gebunden. Die Maus hörte sein Stöhnen und lief heran. Sie nagte das Seil durch und befreite so den Löwen.
Die Maus sagte: „Damals hast du über mich gelacht. Jetzt aber weißt du, dass auch die Kleinen große Dinge tun können."

◇◇ **3** Welche Merkmale einer Fabel erkennst du in **Der Löwe und die Maus**? Schreibe so:

Figuren: Löwe und Maus
Eigenschaften: Der Löwe ist groß und …
Ablauf: … *Lehre: …*

◇ **4** Vergleicht eure Ergebnisse.

Texte verfassen

▸ Textformen kennenlernen: Fabeln
▸ den Aufbau einer Fabel kennenlernen

▸ Im Wald unterwegs: S. 32
▸ Arbeitsheft: S. 24, 28
▸ Förderheft: S. 24
▸ Forderkartei: Nr. 53–58

Eine Fabel schreiben

1 Schreibe nun eine eigene Fabel. Die Stichwortkarten helfen dir dabei. So könnte deine Fabel beginnen:

Der Elefant traf auf der Wiese …

Um welche Tiere geht es?

Löwe, Hase, Schildkröte, Maus, Schlange, Elefant, …

Wo spielt die Fabel?

im Wald, auf einer Wiese, auf einem Berg, …

Welche besondere Situation tritt ein?

Ein schlaues Tier gerät in Gefahr.

Ein winziges Tier hilft einem großen Tier.

Was sagen die Tiere?

Du bist doch viel zu klein!

Lass mich mal machen! Ich bin viel klüger.

Was passiert dann?

Das kleine Tier hilft dem großen Tier.

Was kann man aus der Fabel lernen?

Wer auf Kleinere herabschaut, wird sich wundern.

Schlau sein hilft manchmal auch nicht.

2 Gib deiner Fabel eine passende Überschrift.

3 Lest euch eure Fabeln gegenseitig vor. Überprüft, welche Merkmale einer Fabel ihr erkennt.

Eine Geschichte zu einer Fabel umschreiben

◇ **1** Lest die Geschichte.

Der Kleine und der Große

Herr Klein und Herr Groß gerieten sich darüber in die Haare, wer von beiden schneller laufen könne. Als sie lange genug gestritten hatten, legten sie ein Ziel fest. Bis zum Parktor wollten sie am nächsten Morgen laufen. Ein guter Bekannter von Herrn Klein besaß aber einen Kiosk. Herr Klein sagte zu ihm: „Morgen früh wird so ein großer Mann bei dir vorbeilaufen. Wenn er kommt, dann schrei ganz laut: ‚Pommes mit Ketchup!'"
Am nächsten Morgen rannten die beiden los.
Herr Groß hatte bald einen riesigen Vorsprung.
Als er am Kiosk vorbeikam, hörte er eine laute Stimme rufen: „Pommes mit Ketchup!"
Weil er ganz sicher war, dass er gewinnen würde, bestellte er eine Tüte Pommes und aß sie in aller Ruhe auf. Davon wurde er müde und merkte nicht, dass Herr Klein an ihm vorbeirannte. Als Herr Groß am Ziel ankam, war Herr Klein schon da. Er lachte Herrn Groß aus und sagte: ...

◇◇ **2** Was sagt wohl Herr Klein zu Herrn Groß? Warum sind sich beide sicher, dass sie gewinnen? Sprecht darüber.

◇◇ **3** Überlegt, wie aus dieser Geschichte eine Fabel werden kann.

- Sucht passende Tiere für Herrn Groß, Herrn Klein und den Kioskbesitzer.
  Denkt daran: Herr Klein muss auch gut laufen können.
- Da Tiere keine Pommes mögen, muss das große Tier etwas anderes fressen, was ihm gut schmeckt.
- Den Schluss müsst ihr euch selbst ausdenken.

◇◇ **4** Schreibe die Geschichte als Fabel um.

- textsortenspezifische Merkmale kennen und anwenden
- Textformen unterscheiden

▶ Im Wald unterwegs: S. 32

▶ Arbeitsheft: S. 26, 27
▶ Förderheft: S. 26, 27
▶ Forderkartei: Nr. 53–58

Übungskiste 1

1 Setze beim Abschreiben **ss** oder **ß** richtig ein.

Oscar und Jesse haben viel Spa▢.
Am liebsten spielen sie drau▢en.
Sie wi▢en über die Natur gut Bescheid.
Am Flu▢ probieren sie ihren Kompa▢ aus.
Fast hätten sie die Zeit verge▢en.

2 Markiere in den Wörtern von Aufgabe 1 den kurzen Vokal vor **ss** mit einem Punkt und den langen Vokal vor **ß** mit einem Strich.

3 Suche in der Wörterleiste zum Wortstamm **reiß** und **lass** Wörter aus der Wortfamilie. Schreibe so: *reiß: reißen, gerissen, ...*

4 Schreibe die Wörter von Aufgabe 3 mit Trennstrichen auf: *rei-ßen, ge-ris-sen, ...*

5 Bilde zu den Verben **packen** und **sitzen** alle gebeugten Formen im Präsens:

ich packe *wir ...*
du ... *ihr ...*

6 Schreibe den Text richtig ab.

draußen
der Fluss, die Flüsse
die Ge-las-sen-heit
der Kompass,
die Kompasse
las-sen, lässt,
ließ, ge-las-sen
läs-sig
der Müll
packen, packt
rei-ßen, reißt,
riss, ge-ris-sen
der Reiß-ver-schluss,
die Reiß-ver-schlüs-se
der Riss, die Ris-se
rissig
sitzen, sitzt
der Spaß, die Späße
vergessen, vergisst,
vergaß, vergessen
verlassen, verlässt,
verließ, verlassen
wissen, weiß,
wusste, gewusst

Abschreibtext

Wildschweine in der Großstadt
Wildschweine lockt es oft in die Randgebiete der Städte. Die Tiere haben entdeckt, dass sich in den Parks, Gärten und Mülltonnen manche Leckereien verstecken. Wildschweine sind scheu, sie sind aber auch sehr stark. Du solltest dich einem Wildschwein nicht nähern. Einer Bache mit Frischlingen musst du ausweichen. Am besten ist es, sich langsam zurückzuziehen.

7 Unterstreiche im Text alle Wörter mit **k** und **ck**.

Übungskiste 2

1 Suche zu den Wörtern Reimwörter.

Spitze	Glanz	flitzen	Fratze	nützen
H	T	s	K	sch

2 Setze beim Abschreiben **der Jäger** im richtigen Fall ein.

___ geht mit seinem Hund in den Wald.
Die Aufgaben ___ sind vielfältig.
Der Hund hilft ___.
Bei einem Wildunfall soll man ___ anrufen.

3 Schreibe zu jedem Satz die Frage nach den unterstrichenen Wörtern auf.
Ordne den richtigen Fall zu:
Wer oder was lud den Storch zum Essen ein? – der Fuchs, Nominativ

<u>Der Fuchs</u> lud den Storch zum Essen ein.
Die Teller <u>des Fuchses</u> waren sehr flach.
Das hat <u>dem Storch</u> nicht gefallen.
Später lud der Storch <u>den Fuchs</u> zum Essen ein.

gefährlich
die Hitze
die Katze, die Katzen
klug
der Kranz, die Kränze
nützen, nützt
pflanzen, pflanzt
die Pfütze, die Pfützen
schützen, schützt
schwitzen, schwitzt
sitzen, sitzt, saß, gesessen
spitzen, spitzt
der Tanz, die Tänze
die Tatze, die Tatzen
die Wanze, die Wanzen
der Witz, die Witze

4 Schreibe den Text ab. Setze die Zeichen der wörtlichen Rede. Unterstreiche die Begleitsätze.

Der Löwe und die Ziege (nach Äsop)
Ein Löwe erblickte auf einem Felsen eine Ziege.
▢Komm doch zu mir herunter! Hier findest du leckere Gräser und Kräuter▢▢▢ rief er ihr zu. ▢Ich danke dir für dein schönes Angebot▢▢ sprach die kluge Ziege▢ ▢aber hier oben bin ich vor dir sicherer▢▢

5 Welche Eigenschaften haben die Tiere, die sich in dieser Fabel begegnen? Schreibe so: *Löwe: stark, … Ziege: klug, …*

◗ Rechtschreibstrategien, Arbeitstechniken und Übungsformen anwenden

▶ Richtig schreiben: S. 37
▶ Sprache untersuchen: S. 38–41
▶ Texte verfassen: S. 42–44
▶ Arbeitsheft: S. 18–24
▶ Förderheft: S. 32, 44, 52, 24
▶ Forderkartei: Nr. 72, 91, 92, 108, 53–58

Was kann ich nun?

Weißt du, was du nun alles kannst? Teste dich selbst!

1 Schreibe die Wörter richtig in dein Heft.

Wörter mit **ss** oder **ß**:	Wörter mit **z** oder **tz**:	Wörter mit **k** oder **ck**:
das Gebi_	die Wan_e	das Verste_
bei_en	wir si_en	das Geträn_
flü_ig	der Stur_	der Gedan_e
flie_end	schü_en	du pa_st

2 Setze beim Abschreiben **der Hirsch** im richtigen Fall ein.

_____ kommt zur Futterstelle.
Ein junges Reh macht _____ Platz.
Wir können _____ aus der Ferne beobachten.
Das Geweih _____ hat mehrere Enden.

3 Schreibe zu jedem Satz die Frage nach den unterstrichenen Wörtern auf. Ordne den richtigen Fall zu.

<u>Der Wald</u> liefert uns Holz.
Oft gehört der Wald <u>einem Bauern</u>.
Die Waldarbeiter stapeln <u>die gefällten Baumstämme</u>.
Das Holz <u>der Bäume</u> wird verarbeitet.

4 Schreibe die Sätze ab. Setze die Zeichen der wörtlichen Rede ein. Unterstreiche in den Sätzen den Begleitsatz.

Der Jäger ruft seine Frau_ _Sabine, komm schnell her!
Ich habe heute einen Hirsch vor die Flinte bekommen._
Hatte sein Geweih _ will sie wissen_ _viele Enden?_
Das konnte ich leider nicht genau sehen _ antwortet er_
denn im letzten Moment ist der Hirsch weggesprungen.

5 Stelle den letzten Satz von Aufgabe 4 so um, dass der Begleitsatz am Ende steht.

- Rechtschreibstrategien und Arbeitstechniken anwenden
- Lernprozesse reflektieren

▸ Lösungen: S. 163 ▸ Arbeitsheft: S. 29

Wir kennen Medien

Medien – hören, lesen und sehen

◇ **1** Schaut euch das Bild an. Welche Medien entdeckt ihr?
Sammelt die Beispiele gemeinsam an der Tafel.

◇◇ **2** Welche anderen Medien kennt ihr noch?
Ergänzt die Sammlung.

◇◇ **3** Wofür nutzt ihr Medien? Tauscht euch aus.

▸ Bildern Informationen entnehmen und diese sammeln

▸ Lernen lernen: S. 102
▸ Förderheft: S. 7
▸ AH inklusiv: S. 14, 15

Wir stellen unsere Lieblingsmedien vor

◇ **1** Lest, welche Medien die Kinder vorstellen.

Oleg

In Kinderzeitschriften finde ich zu verschiedenen Themen Fotos, spannende Geschichten, Comics und interessante Berichte. Auch eine Seite mit Witzen, Rätseln und Tipps fehlt nicht in der Zeitschrift.

Ich bin oft auf der Website **www.antolin.de**. Dort wähle ich mein Lieblingsbuch aus und beantworte Fragen dazu. Bei richtigen Antworten sammle ich Punkte und werde Champion.

Milan

Lea

Ich sehe mir gern mit meinem Bruder **Die Sendung mit der Maus** oder **Check eins** im Fernsehen an. Danach sprechen wir noch lange über die Sachgeschichten. Auch Mutti sieht oft zu. Verpasste Sendungen können wir auch in der Mediathek anschauen.

Die drei ??? gehören zu meinen Lieblingsbüchern. Detektivgeschichten finde ich sehr spannend. Diese Geschichten gibt es auch als Hörbücher. Wenn ich ihnen zuhöre, vergeht die Zeit wie im Flug.

Maja

◇◇ **2** Wähle ein Buch, eine Zeitschrift, eine CD, ein Hörbuch, eine Fernsehsendung, eine Website oder ein anderes Medium aus, das du vorstellen möchtest. Zur Präsentation kannst du einen Stichwortzettel vorbereiten oder auch ein Plakat anfertigen. Bereite dich darauf vor: Was hast du ausgesucht? Worum geht es darin? Warum gefällt es dir so gut?

◇◇ **3** Schreibe die unterstrichenen Verben ab. Ergänze die Grundform mit Trennstrichen: *wähle – wäh-len,* *fehlt – ...* ...
vergeht – ver-g... *s... –* ...

◇◇◇ **4** Was liest du? Was hörst du? Was siehst du dir gern an? Tausche dich mit einem Partner aus und begründe.

- Medien präsentieren
- Rechtschreibstrategien entwickeln
- begründet Stellung beziehen

▶ Richtig schreiben: S. 60–62
▶ Arbeitsheft: S. 32, 33
▶ Fö/Fo: S. 7, 37 /Nr. 77, 78
▶ AH inklusiv: S. 48, 49

Eine Klassenzeitung planen

1 Lest den Text.

Die Klasse 4b spricht über ihre Klassenzeitung. Die Kinder haben überlegt, worüber sie berichten wollen. Ihre Vorschläge haben sie auf Karten geschrieben und an der Tafel gesammelt.

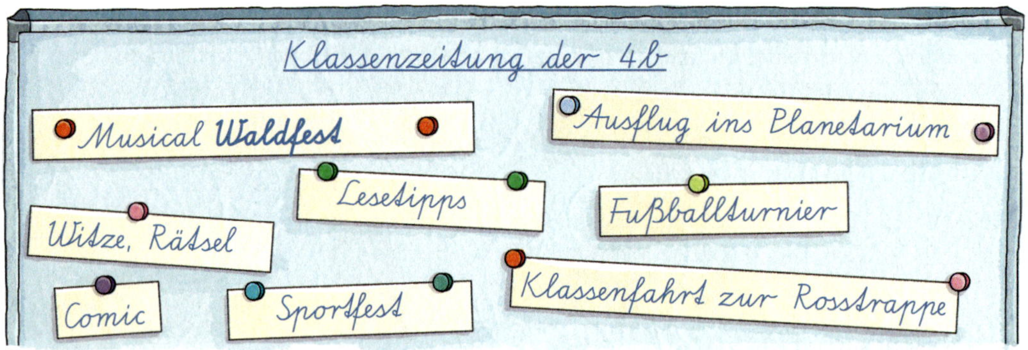

2 Überlegt, worüber ihr in eurer Klassenzeitung berichten wollt. Sammelt Ideen und schreibt jeden Vorschlag auf eine Karte.

3 Schaut euch den Arbeitsplan der Klasse 4b für die Klassenzeitung an. Besprecht, welche Themen noch fehlen.

4 Worüber möchten die Kinder berichten? Bilde Sätze und unterstreiche das Subjekt einmal und das Prädikat zweimal:

Leon und Nelly sammeln Witze, Rätsel und Comics.

5 Schreibt einen Arbeitsplan für eure eigene Klassenzeitung. Wer möchte welche Aufgabe übernehmen? Plant gemeinsam.

Am Computer schreiben

◇ **1** Lest den Text und die Wörter auf Lisas Bildschirm.

Lisa möchte ihren Bericht über das Fußballturnier am Computer schreiben. Dazu tippt sie zuerst Stichworte zum Thema Fußball. Sie bemerkt, dass einige Wörter rot unterkringelt sind.

◇◇ **2** Was bedeuten die roten Markierungen am Bildschirm? Sprecht darüber.

◇◇ **3** Schau im Wörterverzeichnis nach, wie die unterkringelten Wörter richtig geschrieben werden. Schreibe sie richtig auf.

◇◇ **4** Finde heraus, was die unterkringelten Wörter bedeuten. Du kannst im Wörterbuch oder im Internet nachschauen.
Schreibe so: *Trikot: farbiges Sporthemd, ...*

Unsere Klassenfahrt zur Rosstrappe

◇ **1** Lest, was Sophie über die Klassenfahrt geschrieben hat.

Ein sagenhafter Ausflug

Im Herbst sind wir mit unserer Klasse in den Harz gefahren. Von Thale aus fuhren wir mit einem Sessellift hoch zur Rosstrappe. Unsere Lehrerin erklärte, dass hier vor vielen Hundert Jahren die Königstochter Brunhilde auf der Flucht vor dem bösen Ritter Bodo war. Als Brunhilde an die tiefe Schlucht kam, trieb sie ihr Pferd verzweifelt an. Gemeinsam schafften sie den Sprung über den Abgrund. Dabei fiel ihre Krone unten in den Sumpf. An der Stelle, wo das Pferd aufkam, hinterließ sein Huf einen gewaltigen Abdruck. Bodo stürzte bei der Verfolgung in die Schlucht. Der Fluss in der Tiefe wurde deshalb Bode genannt.

◇◇ **2** Ergänze beim Vorlesen die Sätze mithilfe der Fragen.

Bodo verfolgte ______ (Wen oder was?). Um ihm zu entkommen, sprang Brunhilde über ______ (Wen oder was?). ______ (Wer oder was?) verlor beim Sprung über die Schlucht ihre Krone.

Der Aufprall des Pferdehufes hinterließ ______ (Wen oder was?).

Bodo stürzte in die Schlucht und darum heißt ______ (Wer oder was?) im Tal Bode. Bodo wurde in einen schwarzen Hund verwandelt und bewacht bis heute im Kronensumpf die ______ (Wen oder was?) der Prinzessin.

◇ **3** Schreibe die vollständigen Sätze in dein Heft.

◇◇ **4** Kennt ihr auch Geschichten über Orte oder Begebenheiten in eurer Nähe? Erzählt.

- Textformen kennenlernen: Sagen
- sprachliche Operationen durchführen: Objekte ermitteln

- Sprache untersuchen: S. 63–65
- Texte verfassen: S. 66
- Arbeitsheft: S. 34-35, 38
- Förderheft: S. 22
- Forderkartei: Nr. 51, 52, 101–106

Einen sagenhaften Comic gestalten

◇ **1** Lest den Comic und betrachtet die Bilder.

gelandete glückliche Brunhilde; Sturz Bodos in die Schlucht; Aufprall des Pferdehufes hinterlässt einen tiefen Abdruck eines Hufeisens.

◇◇ **2** Die Kinder der 4b haben einen Comic zu der Geschichte von der Rosstrappe gestaltet. Das letzte Bild fehlt noch. Zeichnet es auf ein Blatt.

Tipp

- Unterscheide Sprech- und Denkblasen.
- Benutzt auch Geräuschwörter, die Klänge und Laute beschreiben.

Für die Klassenzeitung berichten

1 Lest den Bericht über das Musical.

Zwei Tage vor den Sommerferien führten die Kinder der Astrid-Lindgren-Grundschule das Musical **Waldfest der Tiere** auf. In die Aula der Schule waren 200 Besucher gekommen. Mitten in der Vorstellung lief plötzlich eine Katze über die Bühne. Erst bekamen wir einen Schreck, weil das Tier so schnell vorbeiflitzte. Dann mussten alle lachen. Hausmeister Bolle versuchte sofort, die Katze einzufangen. Aber er hatte keinen Erfolg, denn sie sprang aus einem offenen Fenster in den Schulhof. Zum Schluss gab es sehr viel Beifall für diese Aufführung mit dem Katzensprung.

Milan und Paula

2 Beantwortet die **W-Fragen** zur Musicalaufführung:

Wann ist es passiert?
Wo fand was statt?
Was ist passiert?
Wer hat was gemacht?
Wie ist es abgelaufen?
Was waren die Folgen?

3 Überlegt gemeinsam, welche Überschrift am besten zum Bericht passt. Ihr könnt euch auch eine eigene Überschrift überlegen.

Katzensprung
Gebrüll in der Aula
Tobende Zuschauer
Musical in der Astrid-Lindgren-Schule

4 Ergänzt die fehlenden Informationen im Bericht über das Fußballturnier.

Am (***Wann?***) fand das (***Was?***) der 4. Klassen statt. Das Spiel (***Wer gegen wen?***) endete mit 2:2. Die 4c hatte einen Elfmeter verschossen, sonst hätte sie gewonnen. Trotzdem gewann die 4c das Turnier (***Wo?***), weil sie vorher alle anderen Mannschaften besiegt hatte.

der 4c gegen die 4a
großes Fußballturnier
Freitag vor den Ferien
auf dem Sportplatz

5 Denkt euch selbst einen kurzen Bericht aus und schreibt ihn auf. In ihm sollen alle **W-Fragen** beantwortet werden.

- Texte planen und adressatenbezogen schreiben
- Textformen kennenlernen: Bericht

- Texte verfassen: S. 69, 70
- Arbeitsheft: S. 40
- Förderheft: S. 18
- Forderkartei: Nr. 38

Ideenkiste

Eine Zeitungsseite herstellen

Tipp

- Sammelt zu euren Themen Texte, Fotos und Bilder.
- Ordnet euer Material auf den DIN-A4-Seiten an.
- Verschiebt alles so lange, bis euch die Anordnung gefällt.
- Gestaltet die Überschriften besonders aus.
- Klebt Texte, Fotos und Bilder auf.

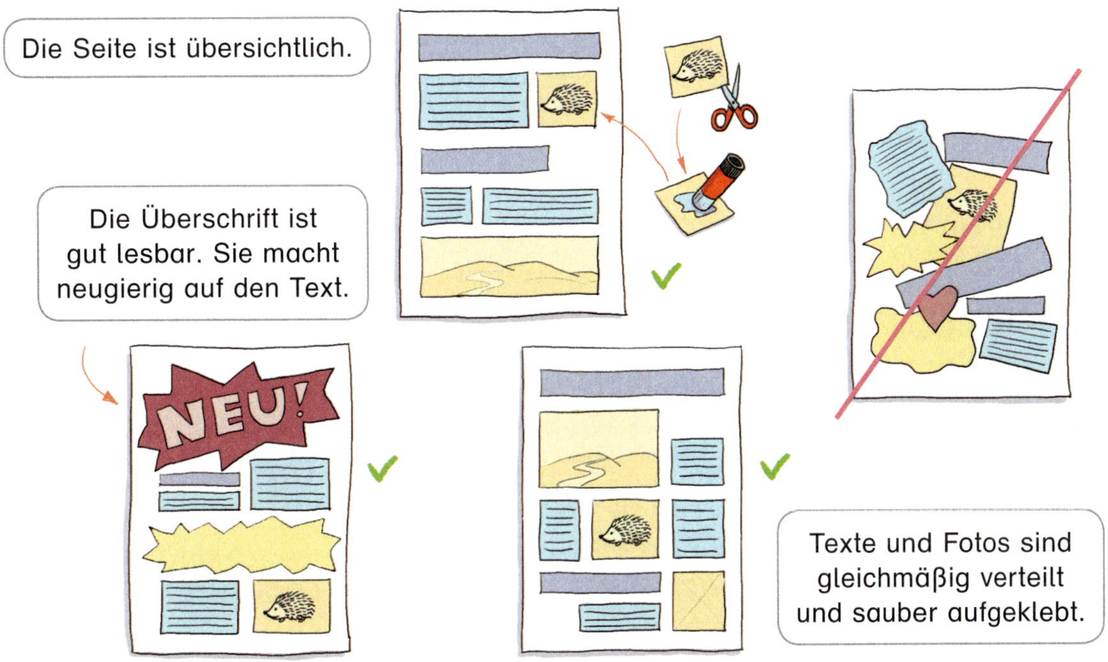

Gestalten mit dem Computer

Die Texte muss man nicht aufkleben. Man kann sie direkt eintippen Das Sportfest wahr toll. und verbessern. Das Sportfest war toll.

- mit dem Computer eigene Beiträge gestalten

▸ Lernen lernen: S. 58

▸ Arbeitsheft: S. 40
▸ Forderkartei: Nr. 7, 8
▸ AH inklusiv: S. 6, 7

Schreiben und korrigieren mit dem Computer

◇ **1** Lest den Text auf dem Computerbildschirm.

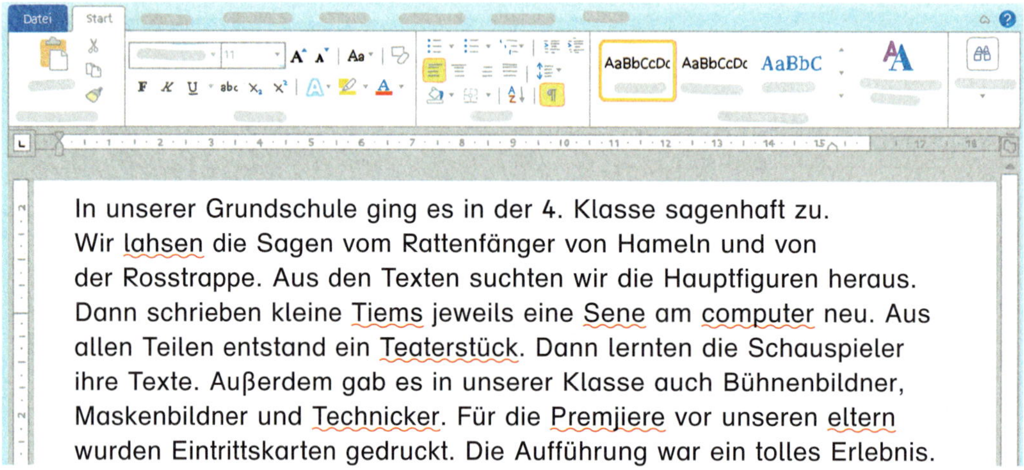

In unserer Grundschule ging es in der 4. Klasse sagenhaft zu. Wir lahsen die Sagen vom Rattenfänger von Hameln und von der Rosstrappe. Aus den Texten suchten wir die Hauptfiguren heraus. Dann schrieben kleine Tiems jeweils eine Sene am computer neu. Aus allen Teilen entstand ein Teaterstück. Dann lernten die Schauspieler ihre Texte. Außerdem gab es in unserer Klasse auch Bühnenbildner, Maskenbildner und Technicker. Für die Premjiere vor unseren eltern wurden Eintrittskarten gedruckt. Die Aufführung war ein tolles Erlebnis.

◇◇ **2** Warum sind einige Wörter rot markiert? lahsen

◇ **3** Lest, wie ihr Texte schreiben, bearbeiten und korrigieren könnt.

korrigieren	Du hast dich vertippt? Zur Korrektur musst du zuerst mit dem Cursor in das Wort klicken. Drücke dann die rechte Maustaste. Wähle aus den Vorschlägen das passende Wort aus.
löschen	Falsch getippte Buchstaben oder Wörter werden mit [←] oder [Entf] gelöscht.
bearbeiten / rückgängig	Du hast aus Versehen ein Wort oder einen Satz gelöscht. Klicke auf [←rückgängig].
markieren	Halte die linke Maustaste gedrückt und ziehe die Maus über das Wort, den Satz oder den Textabschnitt, den du markieren möchtest.
verschieben / einfügen	Du kannst Wörter, Zeilen oder einen Abschnitt verschieben: Markiere deine Auswahl und füge diese mit gedrückter Maustaste an der gewünschten Stelle ein.
Schrift	Wörter **fett** oder *kursiv* schreiben oder unterstreichen, kannst du so: Markiere deine Auswahl und klicke in der Menüleiste auf [F] oder [K] oder [U].

◇ **4** Schreibe deinen korrigierten Text am Computer.

◇◇ **5** Gestalte deinen Text mit verschiedenen Schriftarten.

Fremdwörter üben

1 Ordne die Substantive in die Tabelle ein.
Schreibe so:

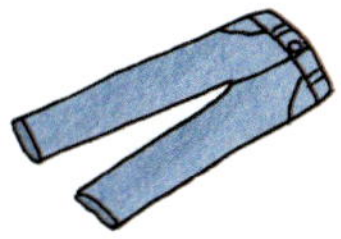

Kleidung	die Jeans, ...
Ernährung	
Sport	
Theater	

Tipp
Unbekannte Wörter kannst du im Lexikon oder im Internet suchen.

das Team der Joghurt die Premiere das Musical das Kostüm
die Jeans das T-Shirt der Fan der Ketchup der Pudding
die Shorts der Pullover die Spaghetti der Trainer die Requisite

2 Immer zwei Satzteile gehören zusammen.
Schreibe sinnvolle Sätze in dein Heft.

Die Temperatur wird | die Mathematikaufgabe erklären?
Das falsche Wort streichen wir | muss mein Bruder viel lernen.
Kannst du mir bitte | mit einem Thermometer gemessen.
Am Gymnasium | mit Lineal und Bleistift durch.

Merksatz
Viele Wörter, die wir benutzen,
haben wir aus anderen Sprachen übernommen.
So kommt zum Beispiel ***Jeans*** aus dem Englischen,
Joghurt aus dem Türkischen und ***Diktat*** aus dem Lateinischen.

3 Lest die Verben und klärt unbekannte Wörter.

telefonieren trainieren mailen surfen recherchieren chatten

4 Ordnet die Verben von Aufgabe 3 nach dem Alphabet.

5 Welche Fremdwörter kennt ihr noch?
Sammelt sie an der Tafel und tauscht euch aus.

Wörter mit und ohne Dehnungs-h merken

◇ **1** Übertrage die Tabelle in dein Heft und ordne die Wörter richtig ein.

hl	*hm*	*hn*	*hr*
Fühler	*zahm*	…	…

rühren Fühler zahm Rahmen Bahn hohl ohne bohren

◇ **2** Unterstreiche den Buchstaben nach dem **h**: *rühren, …*

◇◇ **3** Ergänze mithilfe des Wörterverzeichnisses die Tabelle von Aufgabe 1.

Merksatz

Manchmal folgt auf einen **langen Vokal** ein **Dehnungs-h**. Dieses **h** kann aber nur vor den **vier Konsonanten l, m, n, r** stehen. Man kann das **Dehnungs-h** beim Sprechen nicht hören.

◇◇ **4** Schreibe diese Wörter ab.
Unterstreiche den Anfangslaut: *schämen, Tür, …*

schämen Tür schälen Tor Schwan Träne Tal schwer

Merksatz

Manche Wörter mit **l, m, n, r** haben kein **Dehnungs-h**. Beginnt ein Wort mit einem **T/t** oder mit einem **Sch/sch**, wird das Wort **ohne Dehnungs-h** geschrieben.

◇◇ **5** In jedem Paar enthält ein Wort ein **Dehnungs-h**.
Schreibe alle Paare richtig auf.

Scha▢l – ka▢l me▢r – schwe▢r Ta▢l – Za▢l
Fü▢ler – Schü▢ler Trä▢ne – Zä▢ne kü▢l – schwü▢l
Schwa▢n – Ka▢n Ra▢m – Pla▢n

▸ Rechtschreibstrategie anwenden: Wörter mit Dehnungs-h merken

▸ Wir kennen Medien: S. 51
▸ Arbeitsheft: S. 32
▸ Fö/Fo: S. 37 /Nr. 77, 78
▸ AH inklusiv: S. 48, 49

Forscheraufgabe

Hier findet ihr die Forscheraufgabe zu Seite 62.

Wörter mit silbentrennendem h

1 Schreibt diese Wörter untereinander auf.

sehen	drohen	Reihe	fliehen	gehen
Ruhe	frohe	muhen	Ehe	Schuhe

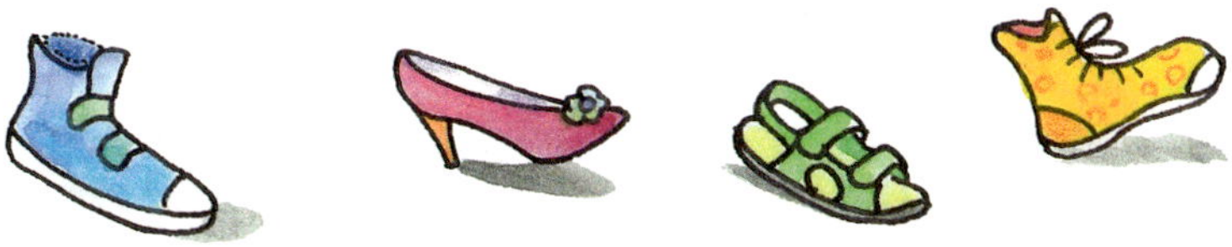

2 Unterstreicht die Laute vor und nach dem **h**.

3 Wie werden die Buchstaben genannt, die nun unterstrichen sind?

4 Schreibt die Wörter nun noch einmal mit Trennstrichen neben die Wörter von Aufgabe 1 auf.

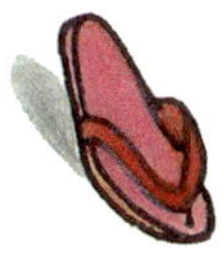

5 Was fällt euch auf, wenn ihr die zweite Silbe betrachtet?

6 Komische Wörter!
Schreibt die Wörter nun ohne **h**, also fehlerhaft auf.
Sprecht sie dann einmal aus und beschreibt, wie das klingt.

7 Überlegt euch eine Regel.

Warum steht in diesen Wörtern ein **h**?
Diese Probe kann euch dabei helfen:
Wenn zwei Vokale aufeinandertreffen …
Die zweite Silbe …

8 Sucht noch weitere Wörter, die ein solches **h** enthalten.
Kontrolliert mit dem Wörterverzeichnis oder dem Wörterbuch.

▸ Rechtschreibstrategien erforschen
▸ Merksätze vervollständigen
▸ Wir kennen Medien: S. 51
▸ Arbeitsheft: S. 33
▸ Forderkartei: Nr. 77
▸ AH inklusiv: S. 48, 49

Wörter mit silbentrennendem h schreiben

Bevor ihr hier arbeitet, löst die Forscheraufgabe von Seite 61.

1 Stelle die Verben zu Reimpaaren zusammen.
Schreibe sie mit Trennstrichen auf: *blü-hen, glü-hen, ...*

blühen	sehen	ziehen	gehen	glühen	nähen
fliehen	krähen	stehen	ruhen	muhen	wehen

2 Markiere die Vokale in den Verben.

3 Schreibe zu jedem Verb von Aufgabe 1 die gebeugte Verbform mit **er** oder **es**: *er blüht, es glüht, ...*

Merksatz

Wenn bei zwei Silben **zwei Vokale** aufeinandertreffen,
setzt man meistens ein **h** dazwischen: *blü-h-en.*
Dieses **h** kann man beim deutlichen Sprechen hören.
Es bleibt bei gebeugten Formen der Wörter erhalten: *sie blüht.*

4 Schreibe die Substantive mit Artikel untereinander auf.

Reh	Schuh	Krähe	Truhe	Zeh	Floh	Höhe	Kuh	Ehe

5 Ergänze zu jedem Substantiv den Plural
und markiere den Vokal vor und nach dem **h**: *das Reh – die Rehe, ...*

6 Setze im Lückentext die Adjektive **roh** und **froh** richtig ein.

Ich esse ______ Möhren gern.
Mir schmecken die Möhren ______ besser.
______ Ostern! Wenn ich Ostereier finde, bin ich ______.

7 Schreibe die im Text unterstrichenen Verben so auf: *sieht zu – zusehen, ...*

Das Publikum <u>sieht</u> beim Musical <u>zu</u>. Lena <u>geht</u> von der Bühne <u>ab</u>.
Hinter den Kulissen <u>ruht</u> sie sich <u>aus</u>. Sie <u>zieht</u> das Kostüm <u>aus</u>.

▸ Rechtschreibstrategien nutzen: verlängern, Silbenprinzip
▸ Wir kennen Medien: S. 51
▸ Arbeitsheft: S. 33
▸ Fö/Fo: S. 36 /Nr. 77
▸ AH inklusiv: S. 48, 49

Das Subjekt ermitteln

◇ **1** Lest die Sätze und erfragt das Subjekt:
Wer oder was tut etwas? – die Eltern

Die Eltern warten.
Das Theaterstück beginnt.
Der rote Vorhang hebt sich.
Die Kinder kommen auf die Bühne.
Sie tanzen.

Dazu spielt moderne Musik.
Dann klatscht das Publikum.
Stolz verbeugen sich die Kinder.
Sie gehen von der Bühne ab.
Das Stück hat allen gefallen.

◇ **2** Schreibe die Sätze ab und unterstreiche das Subjekt.

Merksatz

Alle Sätze enthalten ein **Subjekt** und ein Prädikat.
Das Subjekt kann man mit der Frage **Wer** oder **was?** erfragen:
Wer *oder was wartet?* ***Die Eltern*** *warten.*
Wer oder ***was*** *beginnt?* ***Das Theaterstück*** *beginnt.*

◇ **3** Lest den Text.

Tipp

Das Subjekt kann auch aus mehreren Wörtern bestehen.

Die Zauberin Lara
schreitet auf die Bühne.
Von oben winkt sie ihren Eltern zu.
In der Hand hält Lara einen Zauberstab.
Er glitzert im Scheinwerferlicht.
Im Eselskostüm trabt
ein großes Kind herbei.
Die kleine Zauberin berührt
mit ihrem Stab den Esel.
Der graue Esel verwandelt sich
in ein Zebra.

◇◇ **4** Bilde zu den Sätzen von Aufgabe 3 die Frage nach dem Subjekt.
Schreibe so:
Wer schreitet auf die Bühne? – die Zauberin Lara

Sprache untersuchen

- Fachbegriffe anwenden
- sprachliche Operationen durchführen: Subjekt ermitteln

▸ Wir kennen Medien: S. 52
▸ Arbeitsheft: S. 34
▸ Förderheft: S. 50
▸ Forderkartei: Nr. 101–103

Die Objekte ermitteln

Merksatz

In vielen Sätzen kommen **Objekte** (Ergänzungen) vor.
Mit der Frage **Wen oder was?** kann man
das **Akkusativ-Objekt** (AO) erfragen:
Wen *oder was vermisst Leo? Leo vermisst* ***seinen Freund****.*
Wen oder ***was*** *schreibt er? Er schreibt* ***einen Brief****.*

◇ **1** Setzt beim Lesen die Wörter aus den Wortkästen ein.

einen Stepptanz | ihn | einen Text | viele Fotos

Die Kinder üben (Wen oder was?) ___.
In der Aula führen sie (Wen oder was?) ___ auf.
Von der Aufführung haben die Kinder ___ gemacht.
Sie schreiben ___ für ihre Klassenzeitung.

◇◇ **2** Bildet Fragen zu den unterstrichenen Satzgliedern.
Wen oder was üben die Kinder? – einen Stepptanz

Merksatz

Mit der Frage **Wem?** kann man das **Dativ-Objekt** (DO)
erfragen: ***Wem*** *schreibt er? Er schreibt* ***seinem Freund****.*

◇ **3** Setzt beim Lesen die Wörter aus den Wortkästen ein.

Die Lehrerin hilft (Wem?) ___.
Sie hört (Wem?) ___ zu.
Die Lehrerin gibt ___ Tipps.
Die Kinder danken ___.

Paula | ihr | einigen Kindern | ihr

◇◇ **4** Bildet Fragen zu den markierten Satzgliedern.
Wem hilft die Lehrerin? – Paula

◇◇ **5** Schreibe die folgenden Sätze ab und unterstreiche die Akkusativ- und Dativ-Objekte unterschiedlich.

Oma hat mir eine witzige Karte geschrieben. Am Wochenende besucht sie uns. Sie bringt mir ein tolles Geschenk mit.
Oma näht meiner blonden Puppe eine blaue Jacke.

- sprachliche Operationen durchführen: Objekte ermitteln
- Fachbegriffe anwenden

▸ Wir kennen Medien: S. 54
▸ Arbeitsheft: S. 35, 36
▸ Forderkartei: Nr. 105, 106

Sätze mit Subjekt, Prädikat und anderen Satzgliedern bilden

1 Bildet mündlich Sätze und lest sie vor:

Der Unterricht beginnt um 9:00 Uhr.

Subjekte	Prädikate	andere Satzglieder
der Unterricht	beginnen	um 9:00 Uhr
die Lehrerin	mitbringen	ihren Laptop
Leo	abwischen	die Tafel
Lara	ausmalen	ein Mandala
der Autofahrer	ausweichen	einem Fußgänger
Maxim	abschreiben	einen Text
die Sonne	scheinen	am Himmel

2 Schreibe vollständigen Sätze in dein Heft.
Unterstreiche die Prädikate zweimal:

Der Unterricht beginnt um 9:00 Uhr.

Merksatz

Das **Prädikat** sagt aus, was jemand **tut** oder was **passiert**.
Es besteht aus einem **Verb**: *Der Unterricht beginnt.*
Manchmal besteht das Prädikat auch aus **zwei Wörtern**:
Die Lehrerin bringt ihren Laptop mit.

3 Schreibe die folgenden Sätze ab.
Unterstreiche die Prädikate zweimal:

Heute stellen die Kinder eine Zeitung her.

Heute stellen die Kinder eine Zeitung her.
Dafür haben sie Fotos gemacht.
Zuerst suchen Leon und Maja die Bilder aus.
Nun schreiben Lisa und Oleg einen passenden Artikel.
Dann legen die Kinder alles vorsichtig auf ein Blatt.
Anschließend kleben sie den Text und die Fotos auf.
Die Lehrerin schaut den Kindern dabei zu.
Die fertigen Blätter sammelt sie ein.

Sprache untersuchen

Eine Sage kennenlernen

◇ **1** Lest diese Sage und erzählt sie nach.

Der Riesenfinger

Am Strand der Saale in der Nähe von Jena lebte vor vielen Hundert Jahren ein wilder und böser Riese, der die Bauern und Ritter belästigte. Der Riese war auch auf seine Mutter voller Wut. Wenn sie ihm Vorwürfe über sein wüstes Leben machte, so schimpfte er mit ihr und ging nur noch schlimmer mit den Menschen um.

Einmal, als ihn seine Mutter wieder ermahnte, wurde er so wütend, dass er mit den Fäusten nach ihr schlug. Doch bei dieser Untat verfinsterte sich der Tag zu schwarzer Nacht. Ein Sturm zog auf und der Donner krachte so fürchterlich, dass der Riese niederstürzte. Sogleich fielen die Berge über ihm zusammen und bedeckten ihn. Damit sich die Menschen an seine Bosheit erinnerten, wuchs sein kleiner Finger aus dem Grabe heraus. Dieser Finger wurde zu einem hohen, schmalen Turm auf einem Berg, den man heute den Fuchsturm nennt.

Nach den Brüdern Grimm

◇ **2** Lest, wer oder was in einer Sage vorkommt und was dort passiert.

Merksatz

In einer **Sage** kommen **Orte** vor, die es tatsächlich einmal gab oder noch gibt: Landschaften, Burgen und geheimnisvolle Felsen,

Menschen, die es einmal gab wie Grafen, Handwerker, Bauern oder **Fantasiewesen** wie Zwerge, Riesen oder gar den Teufel.

Sagen enden oft damit, dass böses Verhalten bestraft wird. Gutes Verhalten wird meist belohnt.

◇◇ **3** Überlegt gemeinsam: Welche Dinge, Menschen und Fantasiewesen spielen im **Riesenfinger** eine Rolle? Wie und wer wird hier bestraft?

▸ Textformen kennenlernen: Sagen
▸ Wir kennen Medien: S. 54
▸ Arbeitsheft: S. 38
▸ Förderheft: S. 22
▸ Forderkartei: Nr. 49, 50

Eine Sage schreiben

1 Sammle Ideen für eine eigene Sage.

2 Plane deine Sage.

- Um wen oder was geht es?
- An welchem Ort spielt die Sage?
- Welche besonderen Situationen treten auf?
- Was passiert mit diesen Personen oder Wesen?
- Wie endet die Sage?

Riese

freundliche Zwerge

Tal der Eger

Wandlitzer See

fröhliche Hochzeit,
böser Geist ärgert sich über Lärm

Riese geht am See spazieren,
stößt sich an einem Felsen

böser Geist verwandelt alle zu Stein

Riese schleudert den Felsen

Noch heute kann man an der Eger die versteinerten Zwerge sehen.

Der Abdruck der Riesenhand ist an dem Fels deutlich erkennbar.

3 Schreibe deine Sage in ganzen Sätzen auf.
So könnte die Sage beginnen:
In einem schönen Tal der Eger befindet sich unter Felsen die berühmte Zwergenhöhle. ...

4 Gib deiner Sage auch eine Überschrift.

5 Lest euch eure Sagen gegenseitig vor.

6 Ihr könnt die Sagen in einer Schreibkonferenz besprechen.

7 Stellt eine kleine Sagensammlung aus eurer Region zusammen.

Texte überarbeiten: Schreibkonferenz

◇ **1** Hier hat ein Kind die Sage vom Riesenstein bei Wandlitz nacherzählt.
Lest euch diese Nacherzählung gegenseitig vor.

Der Riesenstein bei Wandlitz

Es lebte einst ein Riese an einem Wasser.

Eines Tages wollte er am Ufer des Sees rumlaufen.

Da stieß er seinen Fuß an einem Felsen an.
Da durchzuckte den Riesen ein gewaltiger Schmerz.
Da schrie er laut auf.

Dazu jammerte der Riese:
Jetzt hab ich mich gestoßen
an meinem großen Zeh
und will auch dich nun stoßen
über den Wandlitzer See!

Aus Zorn ergreift er den Felsen und schleudert ihn weit über den See.

Die Abdrücke der Riesenhand sind noch heute an einem großen Felsen in der Nähe des Wandlitzer Sees zu bewundern.

Das klingt wie der Anfang von einem Märchen.

An welchem Ort spielt die Sage?

Das Wort *rumlaufen* hört sich hier nicht gut an. Wie wäre es mit *spazieren gehen*?

Dreimal *da, da, da!* Schreib doch *plötzlich, sofort, deshalb* …!

Hier fehlen die Anführungszeichen.

Sagen erzählt man doch im Präteritum!

Den Schluss finde ich super!

◇◇ **2** Verbessert gemeinsam, was die Kinder markiert und auf Zettel am Rand aufgeschrieben haben.

◇◇ **3** Schreibe die Sage in überarbeiteter Form neu auf.

Texte verfassen

- Texte optimieren
- sich über Texte beraten
- Überarbeitungskriterien

▶ Wir kennen Medien: S. 54, 56

▶ Arbeitsheft: S.38–40
▶ Fö/Fo: S. 19 /Nr. 63, 64
▶ AH inklusiv: S. 19

Einen Zeitungsartikel planen, schreiben, ...

◇ **1** Über welches Ereignis möchtet ihr schreiben? Beratet gemeinsam und notiert eure Vorschläge in einem Gedankenschwarm.

◇◇ **2** Sammelt für euren Text die Angaben zu folgenden **W-Fragen**:
Wer war dabei?
Wann war es?
Wo war es?
Was ist passiert?
Wieso? Weshalb? Warum?
Wie endete es?

Tipp

Einleitung: Wer? Wann? Wo?
Hauptteil: Was ist passiert?
Schlussteil: Wie endete es?

◇ **3** Notiert die Angaben in einer Stichwortsammlung.

◇◇ **4** Schreibe einen ersten Entwurf und nutze dabei deine Stichwortsammlung.

Tipp

- Nutze linierte Blätter.
- Schreibe nur in jede zweite Zeile.

◇ **5** Lest euch eure Entwürfe gegenseitig vor.

... überarbeiten und veröffentlichen

1 Überarbeitet alleine, zu zweit oder in einer Schreibkonferenz mit mehreren Kindern den Text: Lest den Text. Überprüft dabei den Inhalt, die Sprache und die Rechtschreibung.

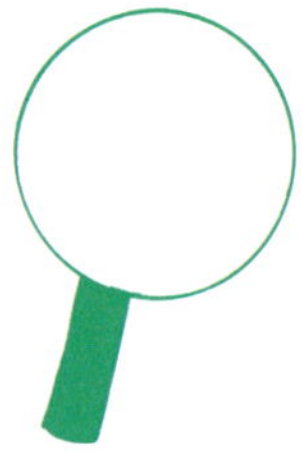

Achtet bei eurer Überarbeitung auch auf diese Punkte:

Gibt der Text Antworten auf alle wichtigen **W**-Fragen?
Wird das Geschehen in der richtigen Reihenfolge beschrieben?
Informiert der Text den Leser sachlich und verständlich?
Gibt es eine Überschrift, die neugierig macht?

Ist der Text im Präteritum geschrieben?
Sind die Satzanfänge passend?
Hast du alle Satzzeichen gesetzt?
Hast du die Rechtschreibung der Wörter überprüft?

2 Wenn du deinen Text überarbeitet hast, kannst du ihn so auf dem Computer gestalten:

- den Text in Spalten aufteilen
- die Überschrift **fett** oder *kursiv* hervorheben
- passende Fotos einfügen.

Übungskiste 1

1 Schreibe vier Sätze, in denen die Wörter aus dem Wortkasten vorkommen.

Handy informieren Radio Computer surfen
Internet chatten Theater telefonieren

2 Setze die Silben zusammen und schreibe die Verben untereinander auf: *glühen, …*

glü- ge- dre- krä-
ste- dro- sprü- nä-
-hen

3 Ergänze bei den Verben von Aufgabe 2 die gebeugte Form mit **er**: *glühen – er glüht, …*

4 In der Wörterschlange haben sich Wörter mit Dehnungs-**h** versteckt. Schreibe sie in dein Heft.

5 Schreibe den Text ab.

Abschreibtext

Theater in der Schule
Die Kinder der vierten Klasse führten ein Musical auf. Nach dem Schlusslied klatschte das Publikum lange. Dann gingen die Eltern in den Klassenraum der 4b. Dort bewunderten alle die Comicseiten der Kinder. Die Kinder stellten sich für ein Erinnerungsfoto auf.

6 Unterstreiche die Subjekte einmal und die Prädikate zweimal.

chatten, chattet
der Computer, die Computer
drehen, dreht
drohen, droht
der Fühler, die Fühler
die Gefahr, die Gefahren
gehen, geht
glühen, glüht
das Handy, die Handys
informieren, informiert
das Internet
krähen, kräht
mehr
nähen, näht
die Nahrung
sprühen, sprüht
stehen, steht
surfen, surft
telefonieren, telefoniert
das Theater, die Theater

Übungskiste 2

◇ **1** Schreibe die Wörter mit Trennstrichen in dein Heft:
Rah-men, …

menRah	heSchu	neZäh	heKü	leHöh
heNä	rerBoh	heRu	heRei	lerFüh

◇◇ **2** Vervollständige beim Abschreiben der Sätze die Wörter.

Heute ist es draußen kü■. Gestern war es schwü■.
Die Kinder ma■ mit Kreide. Der Müller ma■ Getreide.
Die Tasche ist schwe■. Ich kann nicht me■.
Du singst falsche Tö■e. Der Vater sucht seine Sö■e.

◇◇ **3** Schreibe sinnvolle Sätze.
Nutze aus jeder Spalte ein Satzglied.

Subjekte	**Prädikate**	**Objekte**
Die Kinder	holst	seinem Vater.
Du	hilft	einen Ball.
Mein Freund	lesen	das Programmheft.

◇◇ **4** Bilde zu jedem Satz von Aufgabe 3 eine Frage nach dem Objekt.

◇ **5** Lies den Text.

Am letzten Dienstag im Oktober besuchten die Kinder der Tanz-AG eine Ballettaufführung im Friedrichstadtpalast. Sie wollten Ideen für ihre eigene Aufführung sammeln. Nach der Vorstellung konnten sich die Kinder viele Notizen machen.

◇◇ **6** Beantworte die **W-Fragen** zum Text von Aufgabe 5:
Wer? Wann? Wo? Was passiert? Wie endet es?

der Boh-rer,
die Boh-rer
die Höh-le,
die Höh-len
die Kuh,
die Kü-he
kühl
mahlen,
mahlt
malen,
malt
mehr
die Nä-he
der Rah-men,
die Rah-men
die Rei-he,
die Rei-hen
die Ru-he
der Schuh,
die Schu-he
schwer
schwül
der Sohn,
die Söh-ne
der Ton,
die Tö-ne
der Zahn,
die Zäh-ne

▸ Rechtschreibstrategien, Arbeitstechniken und Übungsformen anwenden
▸ Richtig schreiben: S. 60
▸ Sprache untersuchen: S. 63–65
▸ Texte verfassen: S. 69–70
▸ Arbeitsheft: S. 32–37, 40
▸ Fö/Fo: S. 37, 50 /Nr. 101–106, 77–79, 38
▸ AH inklusiv: S. 48, 49

Was kann ich nun?

Weißt du, was du nun alles kannst? Teste dich selbst!

1 Setze beim Abschreiben die fehlenden Wörter ein.

Lara trägt ein cooles  .

Ist meine  noch im Trockner?

Ich trinke am liebsten warme Milch mit  .

Meine Schwester isst gern  mit Früchten.

Joghurt | Kakao | Jeans | T-Shirt

2 Mit **h** oder ohne **h**? Schreibe die Wortgruppen richtig in dein Heft.

der bunte Scha_l	–	die falsche Za_l
die hohen Tö_ne	–	die lieben Sö_ne
der zarte Fü_ler	–	der brave Schü_ler
die feuchte Trä_ne	–	die sauberen Zä_ne
der kü_le Winter	–	der schwü_le Sommer

3 Schreibe die Verben in der gebeugten Form mit **er** oder **es** auf: *drehen – er dreht, ...*

drehen fliehen drohen wehen gehen ziehen

4 Bilde mit den Wörtern einen Satz. Markiere in deinem Satz Subjekt, Prädikat und Objekte unterschiedlich.

ihrer Tochter | Mutter und Vater | einen Laptop | kaufen

5 Schreibe die Sätze ab. Markiere in jedem Satz das Akkusativ-Objekt oder das Dativ-Objekt unterschiedlich.

Der Riese Grobi reitet der Prinzessin hinterher. Er treibt sein Pferd kräftig an. Die Prinzessin findet eine Höhle. Dort trifft die Königstocher eine alte Zauberin. Die weise Frau hilft ihr.

- Rechtschreibstrategien und Arbeitstechniken anwenden
- Lernprozesse reflektieren

▸ Lösungen: S. 164 ▸ Arbeitsheft: S. 41

Das Fahrrad und andere Erfindungen

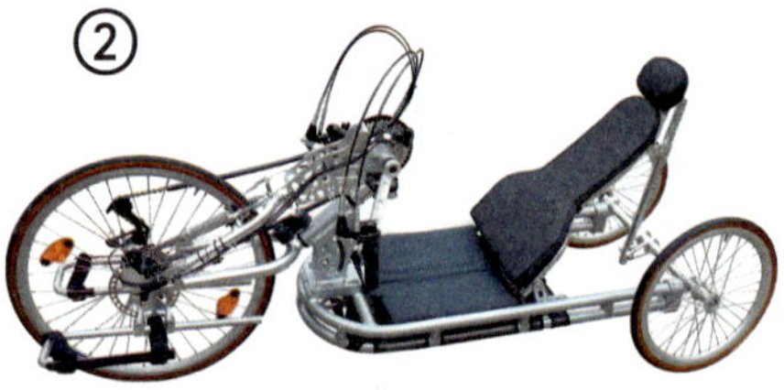

◇ **1** Betrachtet die Fotos. Wie heißen die Räder?
Ordnet den Rädern ihre Namen zu.

BMX-Rad | Liegerad | Mountainbike | Tourenrad (Citybike)

◇◇ **2** Worin unterscheiden sich die Fahrräder?
Verwendet zum Vergleichen die Fachbegriffe von Bild ①.

◇◇ **3** Welche dieser Fahrräder sind nicht verkehrssicher? Begründet.

◇◇◇ **4** Wenn du dir ein Fahrrad aussuchen könntest,
welches würdest du wählen? Begründe deine Entscheidung.

- Fachbegriffe verwenden
- sich an Gesprächen beteiligen: begründet Stellung beziehen

▸ Lernen lernen: S. 82
▸ Arbeitsheft: S. 42
▸ AH inklusiv: S. 14, 15

Mit dem Fahrrad unterwegs

◇ **1** Schaut euch das Bild an.
Überlegt gemeinsam,
was passieren könnte.

◇ **2** Lest den Unfallbericht.

Fahrradunfall
Gestern fuhr ich mit meinem Rennrad durch die Stadt. Plötzlich kam zwischen dem Hochhaus und der Tankstelle ein großer Hund angerannt. Er bellte laut und sauste auf mich zu. Ich wich ihm aus und fuhr über einen Stein. Dabei verlor ich die Kontrolle über das Rad und fiel zu Boden. Der Hund rannte davon. Meine Knie und Ellbogen bluteten. Der Vorderreifen hatte einen Platten. Ich schob das Fahrrad nach Hause. Mama versorgte meine Wunden. Ich musste nicht ins Krankenhaus. Mit unserem Flickzeug hat Papa das Fahrrad repariert.

◇◇ **3** Hast du auch schon einen Unfall beobachtet? Berichte davon.

◇◇ **4** Die Wörter in den Wortkästen kann man zusammensetzen.
Suche im Text die zusammengesetzten Substantive.
Schreibe dann so: *rennen + das Rad = das Rennrad*

~~rennen + das Rad~~	hoch + das Haus	fahren + das Rad
flicken + das Zeug	tanken + die Stelle	krank + das Haus

◇◇ **5** Lest den Text und setzt die passenden Verben ein.

kutschieren fahren hetzen saust

Dana und Nico ____ mit ihren Rädern durch den Park.
Auf dem Gepäckträger ____ sie ihren Dackel in einem Körbchen.
Mit seinem BMX-Rad ____ Philipp schnell an ihnen vorbei.
Aber die drei lassen sich von ihm nicht ____.

◇◇ **6** Schreibe die Sätze vollständig auf.

Fahrradfahren früher ...

◇ **1** Lest die Texte und schaut euch die Bilder an.

1817
Der Deutsche Karl von Drais erfindet die erste Laufmaschine. Alle Teile sind aus Holz. In der Mitte ist ein kleines Kissen zum Sitzen angebracht. Mit den Füßen stößt man sich vom Boden ab. Mit diesem Gefährt kommt man viermal schneller voran als ein Fußgänger.

A

1870
Der Engländer James Starley baut das erste Hochrad. Um die Geschwindigkeit zu steigern, ist das Vorderrad sehr groß, das Hinterrad klein. Am Vorderrad sind Tretkurbeln befestigt. Der Fahrer steigt über das Hinterrad auf.

B

1879
Henry Lawson entwickelt in England die heutige Form des Fahrrads. Das Rad hat Pedale und einen Kettenantrieb. Die Räder sind noch aus Holz. Bald werden sie durch Gummireifen ersetzt.

C

◇◇ **2** Welcher Text gehört zu welchem Bild? Begründet eure Entscheidung.

◇◇ **3** Schreibe den ersten Text im Präteritum auf. Die Wörter im Kasten helfen dir.

war stieß erfand kam waren

◇◇◇ **4** Stell dir vor, du findest ein Hochrad oder eine Laufmaschine von früher. Schreibe über deine Erlebnisse mit dem Rad eine kurze Geschichte.

- Texte und Bilder zuordnen
- sprachliche Strukturen und Begriffe kennen: Präteritum

▶ Sprache untersuchen: S. 87, 88

▶ Arbeitsheft: S. 48, 49
▶ Förderheft: S. 47
▶ Forderkartei: Nr. 97, 98

… und heute

1 Schaut euch die Bilder an und lest den Text in der Sprechblase.
Was denkst du über die Aussage der Autofahrerin?
Tausche dich mit einem Partner darüber aus.

2 Was spricht für das Fahrrad,
was für das Auto als Fortbewegungsmittel? Sammelt Argumente.
Notiert dazu Stichworte:

Fahrrad: fit durch Bewegung, …
Auto: bei Regen nicht nass, …

3 Organisiert in der Klasse ein Streitgespräch über die Vorteile
und die Nachteile von Auto und Fahrrad.
Benutzt eure Stichworte beim Argumentieren.

4 Wertet gemeinsam aus: Welche Argumente waren überzeugend?
Wer konnte seine Argumente besonders wirkungsvoll vortragen?

- zu anderen sprechen: diskutieren und argumentieren
- Redebeitrag planen

▸ Forderkartei: Nr. 33

Natur …

◇ **1** Seht euch die Bilder auf beiden Seiten an und lest die Texte.

In der Nacht gehen Katzen auf die Jagd. Wenn ein Lichtstrahl in der Dunkelheit auf ihre Augen trifft, leuchten sie. Auf der Rückseite ihrer Augen gibt es eine Schicht, die das Licht reflektiert.

Die Lotuspflanze wächst in schlammigen Gewässern, dennoch sind ihre Blätter immer sauber. Die Oberfläche der Blätter hat kleine Erhebungen. Sie sind mit einer dünnen Wachsschicht überzogen. Über diese Oberfläche rollt jeder Wassertropfen ab und nimmt dabei sogar den Schmutz mit. So kann sich die Pflanze selbst reinigen.

◇ **2** Beantwortet die folgenden Fragen:

a. Was passiert, wenn die Augen einer Katze in der Dunkelheit angeleuchtet werden?

b. Wie kann sich die Lotuspflanze selbst reinigen?

◇◇ **3** Überlegt, welches Naturphänomen zu welcher Erfindung gehört. Begründet.

Tipp

Der Begriff **Bionik** setzt sich zusammen aus den Begriffen: **Biologie** und **Technik**. Er bedeutet: von der Natur für neue Erfindungen lernen.

◇◇ **4** In den Texten unter den Fotos auf beiden Seiten findest du zu jedem Wort aus dem Wortkasten ein verwandtes Wort. Schreibe sie geordnet auf: *dunkel – die Dunkelheit, …*

~~dunkel~~ die Kleinigkeit erheben finster die Erfindung kleiden die Verschmutzung die Reinheit die Sauberkeit die Forschung

- einem Text Informationen entnehmen
- verwandte Wörter finden

▶ Richtig schreiben: S. 84
▶ Arbeitsheft: S. 45
▶ Forderkartei: Nr. 87, 88
▶ AH inklusiv: S. 14

... und Technik

Fahrradfahren in der Finsternis ist gefährlich. Die Scheinwerfer eines Autos leuchten das Fahrrad an. Die Rückstrahler des Rades leuchten zurück. Sie sind so gebaut, dass sie das Licht reflektieren.

Forscher haben eine selbstreinigende Kleidung erfunden, die sich auch zum Radfahren eignet. Die Kleidung ist beschichtet. Wasser perlt an ihr einfach ab.

5 Seht euch die Bilder an. Besprecht gemeinsam, welches Naturphänomen der Mensch hier nutzt.

Klette

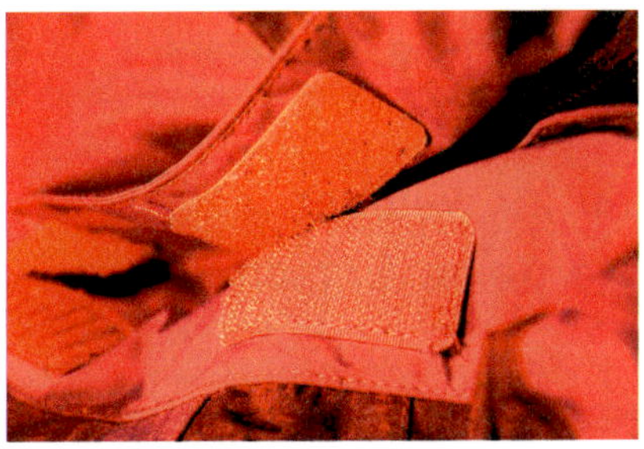

Klettverschluss

6 Schreibe nun einen eigenen Text über den Klettverschluss. Die Stichpunkte helfen dir dabei.

Pflanze | kleine Haken | hängen bleiben | kleine Schlaufen

7 Sucht im Internet nach weiteren Erfindungen, wo die Natur Vorbild war, unter: *www.kindernetz.de* oder *www.naturdetektive.de*. Stellt sie euch gegenseitig vor.

- mit dem Computer recherchieren
- Medien nutzen
- Texte nach Beispielen verfassen

▸ Arbeitsheft: S. 71, 72

Werbung ausdenken und gestalten

◇ **1** Betrachtet die Bilder und lest die Werbe-Ideen.

Werbe-Idee Nr. 1
Superbike, das ganz besondere Fahrrad

- Beschreibt das Fahrrad mit tollen Adjektiven:
  stabil, billig, starke Bremsen, ...
- Adjektive steigern:
  stabil, stabiler, am stabilsten – das Superbike
- Oder mit Adjektiven vergleichen:
  Das Superbike fährt so schnell wie ... oder schneller als ...

Werbe-Idee Nr. 2
Superbike – mit diesem Rad kommst du überallhin

- Beschreibt, wo die Menschen mit dem Fahrrad überallhin fahren können.
  Mit dem Superbike kommst du an die tollsten Plätze: an einen Palmenstrand, durch wilde Schluchten, ...

Werbe-Idee Nr. 3
Ich fahre das Superbike, weil ...

- Menschen werden gefragt, warum sie das Superbike fahren. Es können auch Prominente sein.
- Lustige Antworten und witzige Sprüche als Begründung machen die Werbung besonders.

◇◇ **2** Welche Bilder gehören zu welcher Werbe-Idee? Begründe deine Entscheidung.

◇◇ **3** Sammelt weitere Eigenschaften, mit denen ihr für ein Fahrrad werben könnt. Findet auch Adjektive mit den Endungen **-ig** und **-lich**. Schreibt sie auf.

◇◇ **4** Stellt euch vor, ihr hättet ein Fahrrad, mit dem ihr überallhin fahren könnt. Wohin würdet ihr fahren? Schreibt eure Ideen auf und vergleicht sie in der Klasse.

◇◇ **5** In der Werbe-Idee Nr. 3 werden Leute befragt, warum sie Superbikes fahren. Überlegt gemeinsam, wen ihr befragen könntet. Wer nutzt für seine Arbeit oder in der Freizeit ein Fahrrad?

- Texte und Bilder zuordnen
- Ideen zu Texten entwickeln

▶ Richtig schreiben: S. 83
▶ Lernen lernen: S. 16
▶ Arbeitsheft: S. 44
▶ Förderheft: S. 40
▶ Forderkartei: Nr. 84

Ideenkiste

Das Fantasie-Fahrrad

Stellt euch vor, ihr hättet eine Fabrik für Fahrräder.
Bildet Gruppen und entwerft eigene Fantasie-Fahrräder.
Macht euch als Erstes Notizen.

Tipp

Überlegt, was euer Fahrrad alles kann
und mit welcher Technik es ausgestattet ist:

- Vielleicht macht es beim Fahren Musik?
- Wie wird es gestartet?
- Welchen Hebel oder Knopf muss man benutzen, um eine bestimmte Funktion zu starten?
- Wie bremst euer Fahrrad?

Malt euer Fantasie-Fahrrad mithilfe eurer Notizen. Ihr könnt es
auch aus mehreren ausgeschnittenen Bildern zusammenkleben.
Gebt eurem Fantasie-Fahrrad zum Schluss einen passenden Namen.

Space-Taxi | Alublitz | Flitzblitz | flotte Lotte

Lasst euch eine Werbe-Idee einfallen
oder wählt einen der Vorschläge von Seite 80 aus,
um für euer Fantasie-Fahrrad Werbung zu machen.

Tipp

Eure Werbung braucht:
- eine tolle Werbe-Idee
- ein Werbebild oder ein Plakat
- einen Werbespruch oder einen Werbetext.

Stellt eure Fantasie-Fahrräder mithilfe der Werbe-Ideen vor.

Wörter üben

Es gibt verschiedene Möglichkeiten, wie du Wörter üben kannst.

A Schreibe die Wörter ab.
Tipp: lesen – merken – abdecken – schreiben – vergleichen

B Lass dir die Wörter von einem anderen Kind diktieren.

C Bilde mit einigen Wörtern Sätze.

D Ordne die Wörter nach dem Alphabet.

E Schreibe die Wörter nach der Anzahl ihrer Silben mit Trennstrichen auf.

F Schreibe die Substantive im Singular und im Plural auf:
das Fahrrad – die Fahrräder, …

G Schreibe zu einigen Wörtern verwandte Wörter auf:
fahren, der Fahrer, gefahren, das Fahrrad, …

H Ordne die Wörter nach bestimmten Merkmalen:
Wörter mit Zwielauten: … *Wörter mit Umlauten: …*
Wörter mit doppeltem Konsonant: …

I Schreibe die Verben in der gebeugten Form mit **er** im Präsens, Präteritum und Perfekt auf:
fahren, er fährt, er fuhr, er ist gefahren, …

J Schreibe einige Wörter ab. Kennzeichne den Wortstamm und die Wortbausteine:

Übe diese Wörter. Suche dir aus jedem Kasten eine Übung aus.

Hindernis steinig Entwicklung vorfahren Reifen stürzen
Entfernung sportlich bremsen gefährlich Gepäckträger
ausrollen Gummireifen Achtung Verkehrssicherheit

Wörter mit den Wortbausteinen Ver-/ver-, Vor-/vor- und -ig, -lich, -isch bilden

Wörter mit Ver-/ver-, Vor-/vor-

1 Setze beim Abschreiben das richtige Verb ein.

Der Radfahrer lässt mich ___.
So ein Pech, jetzt haben wir uns ___!

verfahren vorfahren

Mein Freund kann seine Stimme lustig ___.
Kann ich dir meine Schwester ___?

vorstellen verstellen

2 Setze beim Abschreiben **Ver-** oder **Vor-** richtig in die Lücken ein, sodass ein passendes Substantiv entsteht.

Ich gebe dir mein *Ver*sprechen.
Morgen muss ich einen ___trag halten.
In der Schule hat Toni eine ___warnung bekommen.
Meine Eltern schließen in der Bank einen ___trag ab.
Der schnellere Läufer hat einen ___sprung.

Adjektive mit den Wortbausteinen -ig, -lich und -isch

Merksatz

Viele Adjektive enden auf **-ig**, **-lich** oder **-isch**: *schwierig, feindlich, stürmisch.*
Wenn man die Adjektive **verlängert**, kann man die Endung besser hören: *schwierige, feindliche, stürmische.*

3 Bilde aus den Substantiven im Kasten Adjektive mit den Endungen **-ig**, **-lich** oder **-isch**. Schreibe so: *dreckig*, ...

~~Dreck~~ Mensch Frieden Quadrat Durst Ecke
Neid Punkt Schmutz Freund Magnet

4 Setze beim Abschreiben Adjektive mit **-ig**, **-lich** oder **-isch** ein.

Im Dunkeln ist das ein ___ Weg.
Das ___ Wetter geht bald vorbei.
Meine Oma ist nicht so ___ wie meine Mutti.

Gefahr
Sturm
Kraft

Richtig schreiben

Sprache untersuchen

Substantive mit den Wortbausteinen -ung, -heit, -keit, -nis, -schaft bilden

1 Bilde mit jedem Wortbaustein Substantive: *die Entdeckung, ...*

-ung	-heit	-keit	-nis	-schaft
zeichnen	frech	dankbar	hindern	Freund
~~entdecken~~	frei	fröhlich	gefangen	Feind
üben	faul	gemütlich	zeugen	eigen
ergänzen	krank	schwierig	geheim	gemein

2 Bilde auch aus diesen Wörtern und den Wortbausteinen Substantive.
Schreibe so: *die Verwandtschaft, ...*

~~verwandt~~ impfen bereit erleben natürlich gesund
sicher kreuzen empfindlich ergeben wissen

Merksatz

Viele **Substantive** kann man an **Wortbausteinen** am Ende eines Wortes erkennen:
-ung: *Wohnung* -heit: *Klugheit* -keit: *Höflichkeit*
-nis: *Hindernis* -schaft: *Verwandtschaft*
Wörter mit diesen **Wortbausteinen** werden **groß**geschrieben.

3 Bilde aus den Verben Substantive mit der Endung **-ung** oder **-nis**.
Schreibe so: *die Erkältung, ...*

~~erkälten~~ erleben entschuldigen erlauben ereignen

4 Setze beim Abschreiben die Substantive von Aufgabe 3 in den Text ein.

Paula lag mit einer ______ im Bett.
Deswegen musste ihre Mutter eine ______ schreiben.
Dabei hätte Paula so gerne am Klassenausflug teilgenommen.
Das wäre sicher ein tolles ______ gewesen.
Aber der Arzt hatte ihr keine ______ gegeben.
So konnte sie leider an diesem wichtigen ______ nicht teilnehmen.

▸ grammatisches Wissen rechtschriftlich nutzen: Substantive bilden
▸ Das Fahrrad und andere Erfindungen: S. 78, 79
▸ Arbeitsheft: S. 45
▸ Forderkartei: Nr.85-88

Substantive mit Verben und Adjektiven zusammensetzen

Merksatz

Wenn du aus einem **Verb** und einem **Substantiv** ein **zusammengesetztes Substantiv** bildest, musst du etwas weglassen: *laufen + die Schuhe = die Laufschuhe*
hängen + die Matte = die Hängematte

1 Bilde aus Verb und Substantiv ein zusammengesetztes Substantiv:
schreiben + der Fehler = der Schreibfehler, ...

~~schreiben + der Fehler~~ wohnen + das Zimmer 
fahren + der Schüler brüllen + der Affe singen +
kühlen +  schreiben +  essen + 

2 Zerlege die zusammengesetzten Substantive.
Schreibe so: *Fahrrad = fahren + das Rad, ...*

~~Fahrrad~~ Putzlappen Kletterwald Trillerpfeife Schutzblech

Merksatz

Du kannst auch aus einem **Adjektiv** und einem **Substantiv** ein **zusammengesetztes Substantiv** bilden:
klein + der Wagen = der Kleinwagen

3 Zerlege die zusammengesetzten Substantive.
Schreibe so: *Großstadt = groß + die Stadt, ...*

~~Großstadt~~ Rundfahrt Weitsprung Buntpapier Kleingeld

4 Welche zusammengesetzten Substantive sind gemeint?

Einen kleinen Wagen nennt man ______. Altes Papier heißt auch ______. Ein bunter Stift ist ein ______. Ein hohes Haus nennt man ______. Eine süße Speise heißt auch ______.

Verben zu Wortfeldern zusammenstellen

Merksatz

Wörter, die etwas Ähnliches bedeuten, gehören zu einem **Wortfeld**.
Zum Wortfeld **sprechen** gehören: *reden, rufen, sagen, …*
Zum Wortfeld **fahren** gehören: *sausen, tuckern, rollen, …*

1 Ordne den Wortfeldern die Verben zu. Schreibe so:

Wortfeld sprechen	Wortfeld lachen	Wortfeld sehen
quatschen,	…	…

~~quatschen~~ kichern schreien beobachten grinsen flüstern schauen lächeln besichtigen

2 Lies den Text und setze das passende Verb aus dem Wortfeld **fahren** ein. Schreibe den Text danach vollständig ab.

radeln sausen jagen tuckern donnern

Elias ___ mit seinem Skateboard über den Gehweg.
Oma und Opa ___ oft mit ihren Rädern durchs Dorf.
Der Dieb ___ mit quietschenden Reifen davon.
Über die Startbahn ___ das Flugzeug.
Mit seinem Traktor ___ Onkel Otto gemächlich übers Feld.

3 Wähle mindestens vier Verben aus dem Wortfeld **fahren** aus und schreibe eigene Sätze.

brausen flitzen hetzen rasen rattern gleiten brettern

4 Ersetze die unterstrichenen Wörter durch andere passende Verben aus dem Wortfeld **sprechen**.

Sprich doch leise und sprich nicht so laut!
Ich spreche dir etwas ins Ohr.
Hört auf zu sprechen!
Man soll nicht heimlich über andere sprechen.

flüstern
schreien
tuscheln
quatschen

▶ Wortschatzerweiterung: mit Wortfeldern arbeiten
▶ Das Fahrrad und andere Erfindungen: S. 75
▶ Arbeitsheft: S. 47

Zeitformen anwenden 1

1 Lest die Texte. In welcher Zeitform sind sie geschrieben?

Der Unfall
Am Morgen geschieht fast ein Unfall.
Ich sehe den Igel zu spät.
Er schleicht langsam über die Straße.
Im letzten Moment weiche ich aus.

Die Katze
Die Katze sitzt im Gras
und frisst eine kleine Maus.
Dann putzt sie sich den Bart.
Das nützt der Maus nichts mehr.

2 Sucht alle Verben aus den Texten heraus und bildet dazu das Perfekt: *geschieht – ist geschehen, ...*

3 Schreibe den Text nun im Perfekt ab. Was fällt dir auf?

Merksatz

Verben können in verschiedenen **Zeitformen** stehen:

im **Präsens**:	*ich reite*	*ich wasche mich*
im **Präteritum**:	*ich ritt*	*ich wusch mich*
im **Perfekt**:	*ich bin geritten*	*ich habe mich gewaschen*

Das **Präsens** verwenden wir, wenn wir über etwas **sprechen** oder **schreiben**, was gerade – in der **Gegenwart** – geschieht.
Das **Präteritum** verwenden wir meistens dann, wenn wir über etwas **Vergangenes schreiben**.
Das **Perfekt** verwenden wir meistens dann, wenn wir über etwas **Vergangenes sprechen**.

4 Vervollständige beim Abschreiben die Reimpaare.

Präsens	**Präteritum**	**Perfekt**
fließen	es floss	es ist geflossen
gießen	es	es hat
kennen	er kannte	er hat gekannt
rennen	er	er
messen	er maß	er hat
fressen	er	er
sehen	er	er
geschehen	es	es

- sprachliche Strukturen und Begriffe kennen: Präsens, Präteritum und Perfekt
- Das Fahrrad und andere Erfindungen: S. 76
- Arbeitsheft: S. 48, 49
- Förderheft: S. 47, 48
- Forderkartei: Nr. 97, 98

Zeitformen anwenden 2

1 Lest den Text.

An seinem 10. Geburtstag erfüllt sich Jans größter Traum. Seine Eltern schenken ihm ein blaues Mountainbike mit 21 Gängen. Sofort saust er los. Da passiert es. Jan verliert in einer Kurve die Kontrolle über sein Rad. Er fällt auf die Straße. Der Lenker vom neuen Fahrrad verbiegt sich. Tränen laufen über sein Gesicht.

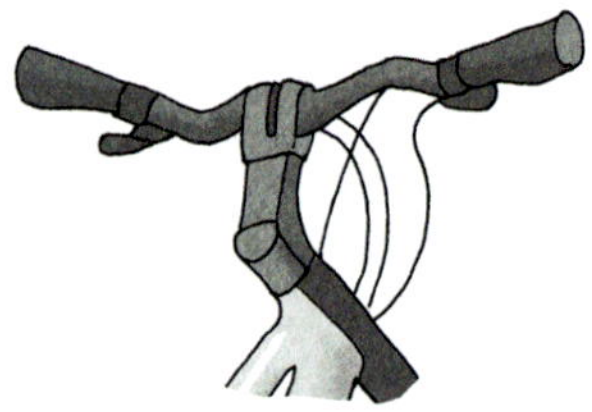

2 Schreibe die Geschichte im Präteritum auf und unterstreiche alle Verben.

3 Gib der Geschichte eine passende Überschrift.

4 Wie kann die Geschichte weitergehen? Schreibe einen Schluss auf.

5 Setze die Verben im Präteritum oder Perfekt in die Lücken ein. Achte dabei auf die Anzahl der Lücken im Satz!

sausen biegen erkennen bekommen rutschen gehen

Opa Holger ___ mit seinem Roller durch die Gegend.
Vor ein paar Minuten ___ er in unsere Straße ein.
Tante Elke ___ ihn an seinen roten Gummistiefeln ___.
Letztes Jahr ___ Lia ein BMX-Rad zum Geburtstag ___.
In der vergangenen Woche ___ sie mit dem Fahrrad in einer Pfütze aus. Gestern ___ Lia zu Fuß in die Stadt ___.

6 Schreibe die Sätze von Aufgabe 5 vollständig ab.

7 Immer drei Verbformen gehören zusammen.
Schreibe sie geordnet auf: *ich weiß, ich wusste, ich habe gewusst, …*

~~ich wusste~~ ich komme ich habe ~~ich weiß~~ ich bin
~~ich habe gewusst~~ ich bin gekommen ich hatte ich kam
ich war ich habe gehabt ich bin gewesen

▸ sprachliche Strukturen und Begriffe kennen: Präsens, Präteritum und Perfekt
▸ Das Fahrrad und andere Erfindungen: S. 75, 76
▸ Arbeitsheft: S. 48, 49
▸ Förderheft: S. 47, 48
▸ Forderkartei: Nr. 97, 98

Eine Geschichte nach Bildern schreiben

1 Schaut euch die Bilder an und überlegt, welche Geschichte sie erzählen.

Planen

2 Schreibe deine Ideen in Stichpunkten auf:
- Wie soll das Kind heißen?
- Was passiert in der Geschichte?
- Was denkt und fühlt das Kind?
- Wie soll die Geschichte enden?

Schreiben

3 Schreibe nun deine Geschichte auf.
Nutze deine Stichpunkte.
Überlege dir am Schluss eine passende Überschrift.

Überarbeiten

4 Lies dir deine Geschichte leise durch oder arbeite mit einem Partner zusammen.
Beantworte diese Fragen bei der Überarbeitung:
- Ist die Geschichte verständlich?
- Sind alle wichtigen Informationen enthalten?
- Habe ich treffende Verben und Adjektive verwendet?
- Sind die Satzanfänge abwechslungsreich?
- Habe ich vollständige Sätze geschrieben?
- Macht die Überschrift neugierig?

Verbessern

5 Verbessere nun, was dir nicht gefällt.

▸ zu Bildern eine Geschichte schreiben und überarbeiten
▸ Das Fahrrad und andere Erfindungen: S. 75
▸ Arbeitsheft: S. 50, 51
▸ Forderkartei: Nr. 39–42
▸ AH inklusiv: S. 31

Einen Unfallbericht schreiben

◇ **1** Hanna und Leon berichten über denselben Unfall. Lest die Texte.

Hanna berichtet:
Mit meinem Fahrrad bin ich am Montag auf dem Radweg die Gartenstraße entlanggefahren. Plötzlich habe ich mich erschrocken, weil mich ein Radfahrer überholt hat. Dadurch kam ich ins Straucheln und bin nach links gestürzt. Mein Knie und mein Ellbogen bluteten. Der Lenker und das Vorderrad waren verbogen. Der Junge soll mir das Fahrrad bezahlen.

Leon berichtet:
Ich bin mit meinem neuen BMX-Bike durch die Stadt gedüst und war gut gelaunt, da ich eine Zwei in Mathe bekommen hatte. Vor mir fuhr ein Mädchen mit Stöpseln im Ohr. Sie hatte bestimmt Musik an und hat deshalb mein Klingeln nicht gehört. Als ich sie überholte, hat sie sich erschrocken und ist auf meine Seite gefahren. Sie rempelte mich an und stürzte zu Boden. Zum Glück konnte ich mich gerade noch auf dem Rad halten. Ich hielt an, wollte ihr helfen und fragte: „Alles okay?" Sie war verletzt und sehr sauer.

◇◇ **2** Was meint ihr, welches Kind Schuld hat? Begründet eure Meinung.

Merksatz

Diese Punkte solltest du in einem Bericht beachten:
- **Wann** und **wo** ist es passiert? **Wer** war beteiligt? **Was** ist **passiert**? **Was** waren die **Folgen**?
- Benutze **treffende Verben**.
- Verwende keine wörtliche Rede.
- Schreibe **sachliche**, **kurze Sätze** aus Sicht einer anderen Person.
- Äußere weder Gefühle noch deine Meinung.

◇◇ **3** Entscheidet nun, welcher Text ein Unfallbericht ist. Begründet.

◇ **4** Schreibe mithilfe dieser Stichpunkte einen Unfallbericht.
- Wann? 28. November
- Wo? Sporthalle am Johannesplatz
- Wer? Klasse 4a und Sportlehrerin Frau Rothe
- Was ist passiert? Ball über die Schnur, Sina knickt um, stürzt
- Was waren die Folgen? Arzt stellt Verstauchung fest, Schiene

Übungskiste 1

1 Setze beim Abschreiben **ver-** oder **vor-** ein.

Wir ___stecken uns hinter dem Baum.
Heute soll ich ein Gedicht ___tragen.
Wir haben die Hefte ___braucht.

2 Bilde aus den Substantiven Adjektive mit **-ig**, **-lich** oder **-isch** und setze sie dann in die Wortgruppen ein: *der pünktliche Bus, …*

~~Punkt~~ Vorsicht Magnet Nutzen Durst Sturm

der ___ Bus — eine ___ Tafel
der ___ Fahrer — der ___ Wind
das ___ Pferd — das ___ Werkzeug

3 Bilde Substantive mit den Endungen **-ung**, **-heit**, **-keit**, **-nis** oder **-schaft**: *die Wahrheit, …*

~~wahr~~ schwierig verwandt erzählen frei
erleben ernähren feucht hindern schön

durstig
das Erlebnis
die Ernährung
die Erzählung
die Feuchtigkeit
die Freiheit
die Fröhlichkeit
gefährlich
das Hindernis
magnetisch
nützlich
pünktlich
die Schönheit
die Schwierigkeit
stürmisch
verbrauchen,
verbraucht
verstecken,
versteckt
die Verwandtschaft
vorsichtig
die Wahrheit

4 Schreibe den Text ab.

Abschreibtext

Nur mit Fahrradhelm

Letzte Woche machten Lena und Juri einen Ausflug mit dem Fahrrad. Als sie starteten, sagte Lena: „Wir fahren ja nur ein kleines Stück, da brauche ich keinen Helm!“ Das fand Juri nicht gut: „Bei einem Sturz kannst du dich schwer am Kopf verletzen.“ Da setzte Lena ihren Helm auf und sie radelten los. Unterwegs sahen sie viele Radfahrer ohne Helm. Lena fragte Juri: „Ob die Erwachsenen stabilere Köpfe haben als wir Kinder?“

5 Unterstreiche die Verben im Präsens und Präteritum unterschiedlich.

Übungskiste 2

1 Zerlege die zusammengesetzten Substantive.
Unterstreiche die Wortarten unterschiedlich.
Schreibe so: *die Turnschuhe = turnen + die Schuhe*

~~die Turnschuhe~~ der Trinkbecher das Buntpapier

2 Ersetze beim Abschreiben die unterstrichenen Wörter durch andere Verben aus dem Wortfeld **sehen**.

glotzen schauen beobachten entdecken

Wir <u>sehen</u> die Tiere im Zoo.
<u>Sieh</u> mich nicht so blöd an!
Anna und John <u>sehen</u> sich einen Film an.
Leonie <u>sieht</u> in der Ferne die Gipfel der Berge.

3 Schreibe alle Verben aus der Wörterschlange im Präsens, Präteritum und Perfekt in der 1., 2. und 3. Person Singular (Einzahl) auf.
ich beginne – ich begann – ich habe begonnen,
du beginnst – du begannst – du hast begonnen, …
er beginnt – …

4 Schreibe zu den Bildern eine Geschichte. Denke dir auch einen Schluss und eine Überschrift aus.

der Becher,
die Becher
beginnen,
beginnt
beobachten,
beobachtet
bunt
entdecken,
entdeckt
frieren,
friert, fror,
hat gefroren
glotzen,
glotzt
nehmen,
nimmt,
nahm,
hat genommen
das Papier,
die Papiere
reißen, reißt,
riss,
ist gerissen
rund
schauen,
schaut
der Schuh,
die Schuhe
sehen, sieht
sein, ist, war,
ist gewesen
trinken,
trinkt
vergessen,
vergisst,
vergaß,
hat vergessen

- Rechtschreibstrategien, Arbeitstechniken und Übungsformen anwenden

- Richtig schreiben: S. 85
- Sprache untersuchen: S. 86–88
- Texte verfassen: S. 89
- Arbeitsheft: S. 46-51
- Fö/Fo: S. 43 47 /Nr. 97, 98, 39–42
- AH inklusiv: S. 31

Was kann ich nun?

Weißt du, was du nun alles kannst? Teste dich selbst!

1 Setze beim Abschreiben **Ver-/ver-** oder **Vor-/vor-** richtig ein.

Komm, wir ___stecken uns!
Ich will meiner kleinen Schwester etwas ___lesen.
Ein ___sprechen darf man nicht brechen!
Jetzt haben wir uns ___fahren.
Ich habe meine eigene ___stellung vom Weltraum.

2 Bilde Adjektive mit **-ig**, **-lich** oder **-isch** und schreibe sie auf.

Magnet   Frieden   Dreck   Vorsicht   Sturm   Sport

3 Bilde aus den Wörtern Substantive mit den Wortbausteinen **-ung**, **-heit**, **-keit**, **-nis** oder **-schaft** und schreibe sie mit Artikel auf.

entschuldigen   höflich   hindern   verwandt   Freund
zeichnen   klug   wahr   fröhlich   zeugen   gemein

4 Bilde zusammengesetzte Substantive. Schreibe sie mit Artikel auf.

das Zimmer + essen
der Tisch + schreiben

das Papier + alt
die Fahrt + rund

5 Ordne die Verben dem richtigen Wortfeld zu.

Wortfeld lachen: ...   *Wortfeld weinen: ...*

heulen   kichern   jammern   grinsen   lächeln   flennen

6 Schreibe jeden Satz im Präteritum und Perfekt auf.

A Tino fährt schnell Fahrrad.
B Er gewinnt das Radrennen.
C Seine Familie freut sich.

- Rechtschreibstrategien und Arbeitstechniken anwenden
- Lernprozesse reflektieren

▶ Lösungen: S. 164, 165

Reise ins Universum

Unser Sonnensystem

◇◇ **1** Sprecht gemeinsam über das Bild.

- Wie viele Planeten sind es?
- Was wisst ihr schon über Planeten?
- Was wollt ihr noch über die Planeten erfahren?
- Überlegt, was die Linien zu bedeuten haben.

◇ **2** Lest den Text.

Ein Planet ist ein Himmelskörper. Er sieht wie eine Kugel aus und bewegt sich auf einer Umlaufbahn um die Sonne. Im Gegensatz zu den Sternen leuchten die Planeten nicht selbst. Sie sind am Himmel sichtbar, weil sie das Licht der Sonne widerspiegeln.
Fünf Planeten kann man manchmal am Himmel mit bloßem Auge erkennen: Venus, Jupiter, Mars, Saturn und Merkur.
Die vier inneren Planeten Merkur, Venus, Erde und Mars bestehen aus Gestein. Die vier äußeren Planeten Jupiter, Saturn, Uranus und Neptun sind gigantische Kugeln aus Gas.

- funktionsangemessen sprechen
- Textformen kennenlernen: Sachtext
- Funktionen von Satzzeichen: Komma

▶ Lernen lernen: S. 102
▶ Sprache untersuchen: S. 111
▶ Arbeitsheft: S. 62
▶ Förderheft: S. 51
▶ Forderkartei: Nr. 107

Rekorde in unserem Sonnensystem

◇ **1** Schaut euch die Abbildung unseres Sonnensystems an. Beantwortet die Fragen in ganzen Sätzen.

- Welcher Planet ist größer als der Uranus?
- Welcher ist der größte Planet?
- Welcher Planet ist am kleinsten?
- Welcher Planet ist am weitesten von der Sonne entfernt?
- Welche Planeten sind fast so groß wie die Erde?

◇ **2** Lest den Text.

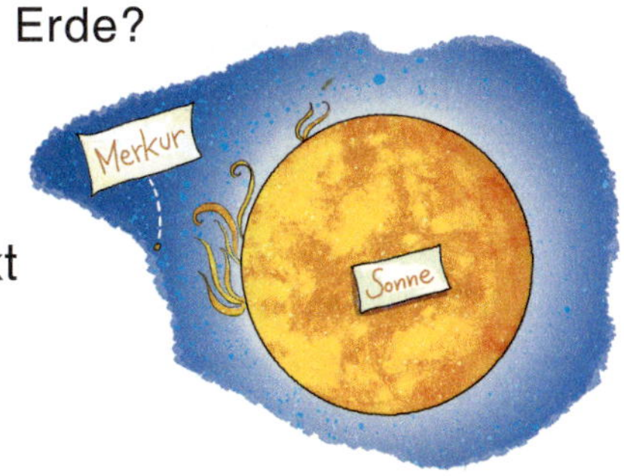

Die Sonne bildet den gigantischen Mittelpunkt unseres Sonnensystems:
Sie ist 333 000-mal so schwer wie die Erde.
Im Gegensatz dazu wirkt der Merkur winzig.
Dieser Planet ist der kleinste und der Sonne am nächsten.
Zu seinen Nachbarn gehört die Venus.
Auf ihr herrschen mit bis zu 460 Grad Celsius die höchsten Temperaturen.
Dort gibt es dichte Wolken, aus denen ätzender Regen fällt.
Mit nur 10 Stunden sind die Tage auf dem Jupiter am kürzesten.
Zudem gibt es dort Blitze, die bis zu 100 Meter breit werden.
Auch der Neptun hält einen Rekord:
Auf ihm wirbeln die stärksten Stürme mit bis zu 2000 Kilometern pro Stunde.

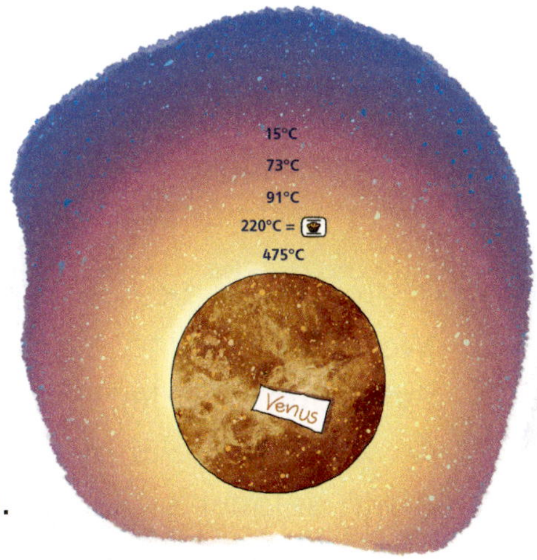

◇◇ **3** Schreibe die Adjektive aus dem Text untereinander auf.

◇◇ **4** Ergänze zu jedem Adjektiv die Grundstufe.
Achtung: Einige Adjektive stehen schon in der Grundstufe!

◇◇◇ **5** Überlege, was unsere Erde einzigartig macht.
Schreibe in Stichworten.

Entdeckungsreise zum Jupiter

◇ **1** Lest den Text.

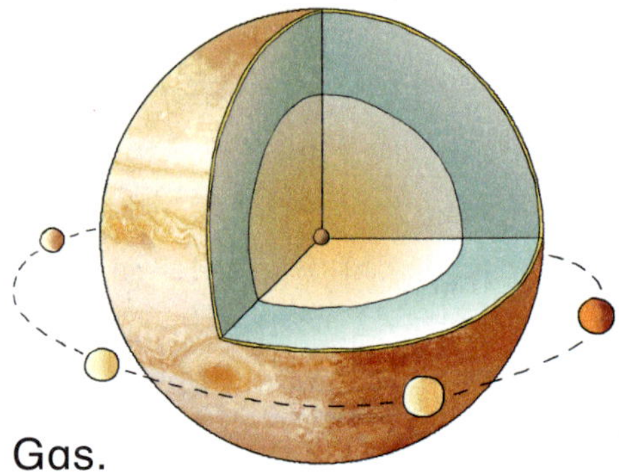

Manchmal kann man den Jupiter von der Erde aus sehen. Er ist so riesig wie alle Planeten zusammen und elfmal so groß wie die Erde. Um den Jupiter herum schwebt eine mächtige Wolke. Sie gibt ihm seine typische Farbe. Unter der äußeren Schicht befindet sich Gas. Im Inneren gibt es einen felsigen Kern, vermuten die Forscher. Vor mehr als 300 Jahren entdeckte man auf der Oberfläche des Jupiters einen großen, roten Fleck. Es ist ein gewaltiger Wirbelsturm, der schon seit Jahrhunderten auf dem Planeten tobt. Bisher wurden 67 Jupitermonde entdeckt. Bereits im Jahr 1610 erforschte der Wissenschaftler Galileo Galilei die vier größten Monde des Jupiters.

◇◇ **2** Ordne den Fragen die unterstrichenen Wortgruppen aus dem Text zu. Schreibe so:

Wo schwebt eine mächtige Wolke? – um den Jupiter herum

a. Wo schwebt eine mächtige Wolke?
b. Seit wann tobt der Wirbelsturm auf dem Jupiter?
c. An welcher Stelle besteht der Planet aus Gas?
d. Wann entdeckte man den großen, roten Fleck?
e. Wo befindet sich der felsige Kern?

◇◇ **3** Formuliere Fragen zu den goldenen Wortgruppen im Text.

◇◇ **4** Erstelle einen Steckbrief über den Jupiter.
Finde Informationen zu:
Entfernung zur Sonne, Entfernung zur Erde,
Größe, Temperatur, Aufbau und Besonderheiten.

▸ sprachliche Strukturen und Begriffe kennen: Orts- und Zeitangaben
▸ Textmuster übertragen: Steckbrief

▸ Sprache untersuchen: S. 107, 108
▸ Arbeitsheft: S. 58, 59
▸ Forderkartei: Nr. 99, 100

Ausflug ins Planetarium

◇ **1** Die Klasse 4b plant einen Ausflug ins Planetarium. Lest die Informationen.

Ausflug ins Planetarium
Datum: 26. Juni
Abfahrt mit dem Bus von der Schule: 8 Uhr
Programm: 1. Film „Entdecker des Himmels" anschauen
2. Ausstellung „Galileo Galilei" besuchen
3. Sonnensystem basteln
Ankunft an der Schule: 14 Uhr

◇◇◇ **2** Überlege, welcher Teil des Programms dich besonders interessieren würde. Begründe.

◇◇ **3** Lotte erzählt ihrer Freundin von den Ausflugsplänen. Vervollständigt die Sätze.

Am 26. Juni möchten wir einen …
Der Bus wird an der Schule um 8 Uhr …
Zuerst werden meine Klasse und ich …
Danach will unsere Lehrerin mit uns …
Anschließend wollen wir gemeinsam …
Um 14 Uhr werden wir wieder …

◇ **4** Schreibe die Sätze vollständig in dein Heft.

◇◇ **5** Unterstreiche alle Verben:

Am 26. Juni möchten wir einen Ausflug ins Planetarium machen.

◇◇ **6** Lotte berichtet ihrem Opa in einer E-Mail über den Ausflug. Schreibe die Sätze von Aufgabe 4 im Präteritum auf.

▸ aus Stichpunkten Texte ableiten
▸ Hilfsverben kennenlernen
▸ Präteritum verwenden

▸ Sprache untersuchen: S. 105, 110
▸ Texte verfassen: S. 112, 113
▸ Arbeitsheft: S. 56, 61
▸ Förderheft: S. 47, 48
▸ Forderkartei: Nr. 97, 98

Bilder am Himmel

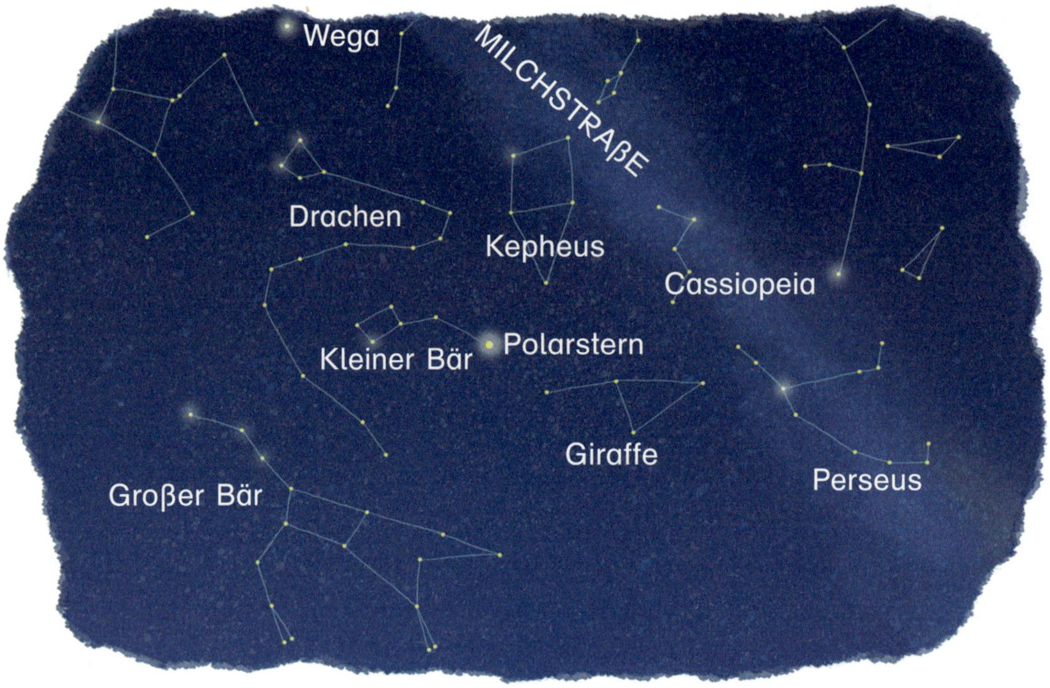

◇◇ **1** Setzt die Wörter am Rand beim Lesen in die Lücken ein.

Schon seit vielen Jahrtausenden beschäftigen sich die Menschen ___ den Sternen. Sie beobachteten ___ der Nacht den Himmel. Dort erkannten sie verschiedene Muster. Auch wir können nachts ___ klaren Himmel Sternbilder erkennen.
Mithilfe der Sternbilder kann man ___ einen Kompass oder ein Navigationsgerät ___ sein Ziel gelangen.

in
am
mit
an
ohne

◇ **2** Schreibe den Text vollständig auf.

◇◇ **3** Schau dir das Bild an. Beschreibe die Lage der Sternbilder zueinander. Nutze dazu die Wörter aus den Wortkästen:
Das Sternbild Giraffe ist neben Perseus.

neben | unter | über

◇◇ **4** Auch Sternzeichen sind Sternbilder.
Welche kennt ihr? Tauscht euch aus.

- Präpositionen kennenlernen und verwenden
- sich über Vorwissen austauschen

▸ Sprache untersuchen: S. 106

▸ Arbeitsheft: S. 57

Komm mit nach Schlaraffia!

◇ **1** Lest den Text.

Alle Außerirdischen lieben den Planeten Schlaraffia. Dort wird jeder Wunsch erfüllt. Mit ihren Marsmobilen, Raumschiffen, Weltraumseglern und fliegenden Untertassen reisen die Weltraumbewohner jedes Wochenende dorthin. Der Lieblingsplatz der Aliens ist der Freizeitpark. Er bietet unzählige Attraktionen, wie zum Beispiel die Riesenschaukeln, die Ufoschleuder oder die Turboachterbahnen. Während sich die Kleinen vergnügen, können die Erwachsenen entspannen. Im Schlaraffiapark gibt es eine Bettenwiese, den Hängemattenwald und ein Traumschaumbad. Wer hungrig ist, wandert in den Spaghettibergen, am Tomatensuppenfluss entlang oder besucht den Käseturm. Durstige Marsianer, Merkuriden, Neptunier und Venusier trinken aus dem Brunnen der tausend Säfte. Da ist es kein Wunder, dass der Planet Schlaraffia der meistbesuchte Ort im All ist.

◇◇ **2** Beantwortet die Fragen in ganzen Sätzen:

- Wie kommen die Außerirdischen nach Schlaraffia?
- Welche Außerirdischen besuchen Schlaraffia?
- Welche Attraktionen bietet der Freizeitpark?
- An welchen Orten können sich Erwachsene entspannen?
- Wo findest du hungrige Aliens?

◇◇◇ **3** Möchtest du Schlaraffia besuchen? Begründe.

◇◇◇ **4** Wie würde dein Planet Schlaraffia aussehen? Beschreibe ihn in deinem Heft. Du kannst auch ein Bild dazu malen.

- Funktionen von Satzzeichen: Komma
- einem Text Informationen entnehmen
- kreativ mit einem Text umgehen

▸ Sprache untersuchen: S. 111
▸ Texte verfassen: S. 114
▸ Arbeitsheft: S. 62, 64
▸ Forderkartei: Nr. 107

Traumberuf

◇ **1** Lest den Text.

Viele Menschen träumen davon, einmal ins All zu fliegen. Doch nur wenige Frauen und Männer werden zu Astronautinnen und Astronauten ausgebildet. Häufig sind sie vorher bereits Pilotinnen oder Piloten gewesen. Die Frauen und Männer müssen geistig und körperlich fit sein. Während der Flüge müssen sie Temperaturveränderungen und unterschiedliche Druckverhältnisse aushalten. Die Astronautinnen und Astronauten ernähren sich von spezieller Nahrung aus Tuben. Da längere Aufenthalte im All den Körper schädigen, muss das Essen nährstoffreich sein. Besonders im Weltall ist Teamfähigkeit sehr wichtig. Menschen aus unterschiedlichen Ländern leben und arbeiten dort auf engstem Raum zusammen. Jeder verlässt sich in der Raumstation auf den anderen.

◇◇ **2** Klärt gemeinsam unbekannte Begriffe.

◇◇ **3** Was können Astronauten im Weltall erleben?
Was müssen sie tun? Schreibe Sätze mit diesen Satzanfängen:
Astronauten können ..., *Astronauten müssen ...*

◇◇ **4** Ordne den Wörtern in den Wolken ein verwandtes Wort aus dem Text zu. Die im Text markierten Wörter helfen Dir.
Schreibe so: *Traum – träumen, ...*

Traum · Nahrung · anders · aufhalten · verhalten · Land · Schaden · Haufen · verlassen · Mann

◇ **5** Markiere in den Wörtern von Aufgabe 4 **ä** und **äu**.

◇◇◇ **6** Würdest du gern Astronaut werden? Begründe deine Meinung.

- Fachbegriffe klären
- Rechtschreibstrategien nutzen: verlängern

▸ Richtig schreiben: S. 103

▸ Arbeitsheft: S. 54
▸ Fö/Fo: S. 35 /Nr. 76
▸ AH inklusiv: S. 42, 43

Ideenkiste

Ein Horoskop schreiben

Viele Menschen glauben, dass die Stellung von Mond, Planeten und Sternen einen Einfluss auf ihr Leben hat. Je nachdem, welches Sternbild am Himmel stand, als du geboren wurdest, gehörst du zum Sternzeichen Krebs, Steinbock, Wassermann, Löwe oder einem anderen. Insgesamt gibt es zwölf Sternzeichen. Schon vor Jahrtausenden beobachteten die Menschen den Himmel. Um eine gute Ernte zu bekommen, säten die Bauern nach dem Mondkalender. Auch im Krieg suchten Feldherren früher Hilfe bei Astrologen – so nennt man Experten, die sich mit der Stellung von Himmelskörpern und ihrem Einfluss auf den Menschen beschäftigen.

Auch heute spielt die Stellung von Sonne, Mond und Sternen für manche Menschen eine Rolle. In vielen Zeitschriften kann man Horoskope finden. Angeblich sagen sie etwas über die Zukunft eines Menschen aus.

- Findet heraus, in welchem Sternzeichen ihr geboren seid.
- Sucht in Zeitschriften und Zeitungen Horoskope für eure Sternzeichen heraus. Lest sie euch gegenseitig vor.
- Stell dir vor, du bist ein Astrologe. Schreibe ein Horoskop für einen Mitschüler. Du kannst diesen Lückentext dazu nutzen.

Horoskop für ______

Heute wirst du dich sehr ______ fühlen,
denn ______. Achte darauf, dass du
in der Schule ______, damit du ______.
In Sachen Freundschaft ist alles ______, weil du ______.
Genieße deinen Tag und ______!

Expertenrunde

Um Informationen über jeden Planeten unseres Sonnensystems zu erhalten, könnt ihr verschiedene Expertenrunden bilden.
So wird die Arbeit auf mehrere Schüler verteilt und ihr könnt voneinander lernen.

Tipp

- Teilt euch in acht Gruppen auf.
  Jede Gruppe informiert sich über einen bestimmten Planeten. Die Verteilung kann vorher ausgelost werden.
- Sammelt mithilfe von Büchern, dem Internet oder Broschüren Informationen. Macht euch Notizen.
  Achtet dabei auf die Zeitvorgabe.
- Nach einer bestimmten Zeit werden die Gruppen neu zusammengesetzt. In den neuen Gruppen ist jeweils ein Experte zu jedem Planeten.
- Nun berichtet ihr nacheinander, was ihr über euren Planeten herausgefunden habt.

Zu diesen Themen könnt ihr euch in den Expertenrunden informieren:

- berühmte Himmelsforscher wie Galilei, Kopernikus, Kepler, Ptolemäus …
- der Beruf Astronaut: Voraussetzungen, Ausbildung, Aufgaben, berühmte Astronauten …
- Himmelskörper: Planeten, Sterne, Kometen, Monde …

▸ Fachgespräche führen
▸ verschiedene Medien nutzen
▸ Ergebnisse präsentieren
▸ Reise ins Universum: S. 95
▸ Im und am Wasser: S. 119
▸ Förderheft: S. 10
▸ Forderkartei: Nr. 21–26

Wörter mit ä und äu ableiten

1 Welche Wörter im Kasten gehören zur derselben Wortfamilie?
Schreibe die Wortpaare auf: *Rätsel – raten, …*

~~Rätsel~~	Gebäude	laut	~~raten~~	nah	klar
Nähe	Verkäufer	erklären	bauen	verkaufen	läuten
Nahrung	Geschäft	rauben	schaffen	Räuber	ernähren

2 Was hat sich im Wortstamm verändert? Markiere: *Rätsel – raten, …*

Merksatz

Zu Wörtern mit **ä** oder **äu** findet man oft verwandte Wörter mit **a** oder **au**:
Plätzchen – Platz, glänzen – Glanz, räumen – Raum, Mäuse – Maus.

3 Lest den Text.

Luisa träumt

Schon lange möchte Luisa Ärztin oder Astronautin werden.
Ihr Vater lächelt, wenn sie von ihren Wunschberufen erzählt.
In den letzten Nächten träumt sie immer häufiger davon,
auf einem anderen Planeten zu landen. Im Traum verlässt sie
das Raumfahrzeug und läuft auch ein paar Schritte.
Plötzlich hört Luisa seltsame Geräusche. Sie ist ängstlich.
Ob es grüne Männchen auf dem Planeten gibt?
Als der Wecker läutet, merkt Luisa, dass sie nur geträumt hat.

4 Schreibe alle Wörter mit **ä** und **äu** aus dem Text untereinander auf.
Schreibe zu jedem Wort ein verwandtes Wort mit **a** oder **au**:
träumt – Traum, …

5 **ä** oder **e**? **äu** oder **eu**? Wie werden die Wörter geschrieben?
Wenn du unsicher bist, schau im Wörterverzeichnis nach.

f_rtig Sch_rfe aufr_men h_te n_mlich f_rben kr_ftig
h_rrlich t_er Flugz_g zul_tzt Erk_ltung Br_tigam _ropa

Wortmuster erkennen

1 Schreibe alle Wörter aus der Wörterschlange heraus.
Achte dabei auf die Groß- und Kleinschreibung!

2 Unterstreiche den Wortstamm in den Wörtern von Aufgabe 1.

Merksatz

Alle Wörter haben einen **Wortstamm**.
Diese Wortbausteine kann man an den Wortstamm anfügen:

- Vorsilben (*ge-, ver-, ent-, auf-, ab-, …*) — ◁ge- | heim
- Nachsilben (*-ung, -heit, -lich, …*)
- Endungen (*-t, -en, -st, …*) — heim | -lich▷

3 Schreibe die Wörter in dein Heft. Unterstreiche Vorsilbe, Wortstamm, Nachsilbe und Endung mit verschiedenen Farben.

verspäten	Schwierigkeit	schrecklich	verbraucht	
stürmisch	Vorstellung	Vorfahrt	überqueren	bestimmt

4 Bilde Wörter aus diesen Wortbausteinen.
Markiere die Bausteine verschiedenfarbig.
Achte auf die Groß- und Kleinschreibung!

◁	□	▷
ver-	pack	-ung
ein-	sprech	-en
be-		-er

5 Schreibe Wörter mit dem Wortstamm **kauf/käuf**.

6 Suche Wörter mit folgenden Bauplänen:

▸ Rechtschreibstrategien nutzen: zerlegen, Prinzip der Stammschreibung

▸ Arbeitsheft: S. 55
▸ Forderkartei: Nr. 81, 82

Besondere Verben kennenlernen: Modalverben

1 Wie viele Verben gibt es in jedem Satz? Besprecht gemeinsam.

Paul darf ins Planetarium fahren.
Er will einen Film über den Planeten Mars sehen.

Merksatz

Verben wie ***müssen, mögen, sollen, wollen, können*** und ***dürfen*** treten häufig nicht allein in einem Satz auf. Sie werden von einem **anderen Verb im Infinitiv** (Grundform) begleitet. Diese Verben heißen **Modalverben**.
Paul ***muss*** *noch eine Eintrittskarte* ***kaufen****.*

2 Schreibe die Sätze in dein Heft. Unterstreiche alle Verben.

Die Lehrerin will den Schülern die Aufgabe erklären.
Jedes Kind soll einen Steckbrief über einen Planeten schreiben.
Wir können auch Fotos auf den Steckbrief kleben.
Dürfen wir auch ein Bild malen? Jeder muss seine Arbeit vorstellen.
Soll ich dir dabei helfen? Oder möchtest du es lieber allein machen? Du darfst deinen Steckbrief an die Tafel hängen.

3 Lies die Sätze.
Welche Verben passen in die Lücken?
Klara will später Astronautin werden.

Klara ___ später Astronautin ___.
Am Montag ___ ihr das Museum ___.
Ich ___ viele Sterne am Himmel ___.
Wir ___ einen Film über Galileo Galilei ___.

will werden
kann erkennen
möchten sehen
dürft besuchen

4 Ergänze die Sätze. Achte darauf, dass das zweite Verb im Infinitiv (Grundform) steht: *Ich möchte mit einer Rakete fliegen.*

Ich will …
Ich soll nicht …
Ich muss …
Ich darf nicht …
Ich möchte …
Ich kann …

Präpositionen verwenden

1 Setzt beim Lesen die Wörter vom Rand in den Text ein.

Gestern machte unsere Klasse einen Ausflug ___ dem Bus. ___ dem Museum stiegen wir aus. Ein Zettel hing ___ der Eingangstür: „Wegen Krankheit geschlossen.“ So gingen wir ___ den Park ___ der Schule zurück. Unsere Lehrerin will ___ uns nächste Woche noch einmal ___ das Museum fahren.

an
mit
durch
zu
vor
in

Merksatz

Wörter wie *an, auf, bei, durch, für, hinter, in, mit, nach, neben, ohne, um, unter, von, zu* nennt man **Präpositionen**. Nach den meisten Präpositionen stehen **Nomen** oder **Pronomen**

- im **Akkusativ**: *durch den Park, in das Weltall, ohne uns,*
- im **Dativ**: *hinter dem Bus, aus dem Weltall, mit euch.*

2 Welche Präposition passt? Schreibe die Sätze richtig in dein Heft.

Juri Gagarin flog als erster Mensch neben/in den Weltraum. Auch Hunde und Affen reisten schon in/um das Weltall. Ohne/Unter Forscher wie Galilei wüssten wir kaum etwas über die Planeten. Er entdeckte, dass die Erde um/in die Sonne kreist. Galilei erkannte auch, dass die Milchstraße aus/von vielen Sternen besteht. Durch/Neben unserem Sonnensystem gibt es noch viele andere.

3 In der Wörterschlange haben sich viele Präpositionen versteckt. Schreibe sie in dein Heft.

4 Wähle mindestens fünf Präpositionen aus. Schreibe damit jeweils einen Satz: *Vor dem Weltraumflug trainieren die Astronauten.*

Ortsbestimmungen erkennen

1 Was passt zusammen? Bilde Sätze und schreibe sie in dein Heft.

Der Außeridische kommt

Laika flog als erster Hund

Neil Armstrong stand als erster Mensch

auf dem Mond.

von einem fremden Planeten.

in das Weltall.

Merksatz

Die **Ortsbestimmung** ist ein Satzglied, das man mit den Fragewörtern **wo**, **woher**, **wohin** bestimmen kann:
Neil Armstrong stand als erster Mensch auf dem Mond.
Wo** stand Neil Armstrong als erster Mensch? – **auf dem Mond

2 Schreibe jeden Satz mit einer passende Frage auf.
Nutze die Fragewörter **wo**, **woher**, **wohin**:
Auf dem Planeten ist es heiß. – Wo ist es heiß?

Auf dem Planeten ist es heiß.
Wir fahren ins neue Museum.
Die Strahlen kommen von der Sonne.
Der Polarstern ist am Himmel zu sehen.

Tipp
Ortsbestimmungen erkennt ihr an: *auf, aus, in, über, unter, zu, zum, zur, …*

3 Unterstreiche die Ortsbestimmungen in den Sätzen von Aufgabe 2.

4 Ordne die Ortsbestimmungen aus dem Wortkasten so in dein Heft:

Wo?	*Wohin?*	*Woher?*
auf dem Mars	…	…

auf dem Mars   aus dem Weltall   am Strand   ins Planetarium
in den Urlaub   von den Bergen   im Raumschiff   zur Schule

5 Schreibe Sätze mit den Ortsbestimmungen von Aufgabe 4 auf.

Sprache untersuchen

- sprachliche Strukturen und Begriffe kennen: Ortsangaben
- Reise ins Universum: S. 96
- Arbeitsheft: S. 58
- Forderkartei: Nr. 99, 100

Zeitbestimmungen erkennen

◇ **1** Lest die Sätze.

Im Jahr 1957 flogen zwei Affen ins Weltall.
Bis zum Mars fliegt man sieben Monate.
Der Mond umkreist die Erde in 28 Tagen einmal.

◇ **2** Schreibe die Fragen in dein Heft und beantworte sie kurz.

Wann flogen zwei Affen ins Weltall?
Wie lange fliegt man bis zum Mars?
Wie oft umkreist der Mond die Erde in 28 Tagen?

Merksatz

Die **Zeitbestimmung** ist ein Satzglied,
das man mit den Fragewörtern **wann**, **seit wann**, **wie oft**
und **wie lange** bestimmen kann:
Neil Armstrong landete 1969 auf dem Mond.
Wann *landete Neil Armstrong auf dem Mond? –* ***1969***

◇◇ **3** Übertrage die Sätze in dein Heft.
Unterstreiche die Zeitbestimmung.
Schreibe das Fragewort dahinter:
In manchen Monaten kann man
viele Sternschnuppen beobachten. Wann?

Tipp

Zeitbestimmungen erkennt ihr an: *ab, an, bis, in, seit, …*

In manchen Monaten kann man
viele Sternschnuppen beobachten.
Man kann sie nur für ein paar Sekunden sehen.
Jede Sternschnuppe leuchtet nur einmal.
Sternschnuppen zeigen sich nur einen kurzen Moment.
Mitten in der Nacht funkeln sie zwischen den Sternen.

wann   wie lange   wie oft   wann   wie lange

◇◇ **4** Schreibe Sätze auf, in denen diese Zeitbestimmungen vorkommen:

dreimal   nach der Schule   in jeder Pause   seit gestern

▸ sprachliche Strukturen und Begriffe kennen: Zeitangaben

▸ Reise ins Universum: S. 96
▸ Arbeitsheft: S. 59
▸ Forderkartei: Nr. 99, 100

Mit Adjektiven vergleichen

◇ **1** Welche Adjektive gehören zusammen?
Schreibe so: *hübsch – hübscher – am hübschesten, …*

hübsch	dunkler	am schärfsten
scharf	schärfer	am hübschesten
weit	hübscher	am dunkelsten
dunkel	weiter	am weitesten

◇◇ **2** Markiere die Veränderungen in den Adjektiven von Aufgabe 1.

◇◇ **3** Schreibe mit den Adjektiven Sätze in allen Vergleichsstufen:
Gestern Morgen war es dunkel. Heute ist es dunkler als gestern. …

Merksatz

Es gibt drei **Vergleichsstufen:**
Grundstufe, Mehrstufe, Meiststufe.
Manche Adjektive verändern sich beim Steigern:
groß – größer – am größten, hoch – höher – am höchsten.
Beim Vergleichen gebraucht man die Wörter **wie** und **als**:
so groß wie, größer als.

◇◇ **4** Schreibe die Sätze auf. Unterstreiche die Adjektive.

Der Vogel fliegt hoch. Das Flugzeug fliegt höher als der Vogel. Die Rakete fliegt am höchsten. Die Erde ist nah an der Sonne. Der Planet Venus ist näher an der Sonne als der Uranus. Der Merkur ist der Sonne am nächsten.

◇◇ **5** Schreibe den Lückentext vollständig in dein Heft.

Der Planet Punktis ist ______ der Planet Streifus.
Die Außerirdischen auf Streifus sind ______ auf Punktis.
Auf Punktis fliegen die Ufos ______ auf Streifus.
Die Häuser auf Streifus sind ______ auf dem anderen Planeten.

größer als | höher als | genauso groß wie | genauso hoch wie

Sprache untersuchen

Zeitform Futur anwenden

1 Vervollständige die Sätze. Schreibe sie in dein Heft.

Am Wochenende werde ich …
In den Herbstferien werden wir …
Heute Nachmittag wird es …
Im nächsten Jahr werden wir …

Merksatz

Mithilfe des **Futurs** kann man beschreiben, was in der **Zukunft** geschehen wird. Das Futur besteht aus einer Form von **werden** und dem Verb im Infinitiv (Grundform).
*Wir **werden** zum Mars fliegen.*
*Ich **werde** einen neuen Planeten erforschen.*

2 Setze beim Abschreiben die Verben in den Kästen richtig ein. Unterstreiche die zweiteiligen Verbformen des Futurs.

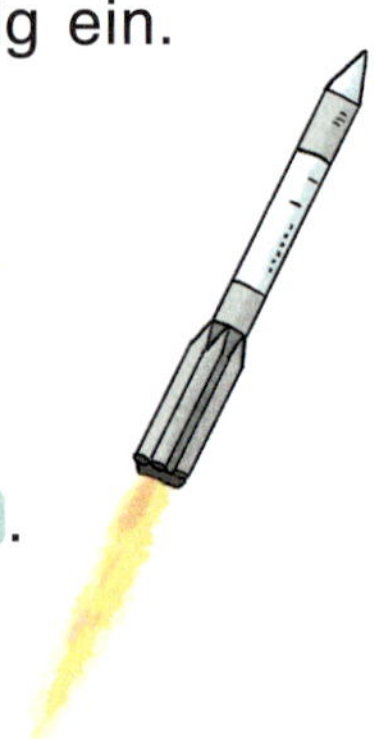

Bald ___ eine Raumsonde Richtung Jupiter ___.
Eine Rakete ___ sie ins Weltall ___.
Nach acht Jahren ___ sie den Planeten ___.
Mithilfe der Sonde ___ Experten den Jupiter ___.
Durch Kameras ___ sie die Eismonde ___.
Die Raumsonde ___ nie wieder zur Erde ___.

wird aufbrechen | wird bringen | wird erreichen
werden erforschen | werden beobachten | wird zurückkehren

3 Bilde das Futur für diese Verben: *er lässt – er wird lassen, …*

er lässt   ich beginne   wir klettern   sie leuchten   du kommst
es fliegt   ihr seht   wir führen   du träumst   ihr überquert

4 Schreibe den Text im Futur auf: *Wir werden zu einem …*

Wir fliegen zu einem fremden Planeten. Dort entdecken wir vielleicht Wasser. Mit Flugautos reisen wir oft umher.
Vielleicht gibt es auf dem Planeten auch andere Lebewesen. Dann erforschen wir ihre Sprache.

Kommas in Aufzählungen verwenden

1 Welcher Begriff passt nicht in die Reihe? Besprecht gemeinsam.

Planeten	Sterne	Raketen	Kometen
Raumschiff	Auto	Zeppelin	Flugzeug
Galileo	Kepler	Kopernikus	Kolumbus
Neptun	Mars	Venus	Mond

2 Setze die Wörter von Aufgabe 1 richtig ein.
Schreibe die Sätze in dein Heft.

_____, _____ und _____ sind Himmelskörper.
Mit dem _____, dem _____ und dem _____ können wir fliegen.
_____, _____ und _____ sind berühmte Astronomen.
_____, _____ und _____ sind Planeten.

Merksatz

Wenn man etwas aufzählt, setzt man zwischen den Ausdrücken ein **Komma**.
Vor die Wörter **und** und **oder** setzt man **kein Komma**.
Zu den äußeren Planeten gehören Jupiter, Saturn, Uranus und Neptun. Wir besuchen das Museum, das Planetarium oder das Raketenmodell.

3 In diesem Text fehlen die Kommas.
Schreibe den Text richtig ab.

Ein Sonnensystem basteln

Du benötigst eine lange Schnur einen Hula-Hoop-Reifen verschiedene Bälle und Farbe. Die Planeten können aus Ballons Styropor Spielzeugbällen oder Pappmaschee hergestellt werden. Verziere die Bälle mit Wasserfarbe Filzstiften Wachsmalern oder Papierschnipseln. Achte dabei auf die richtige Größe Farbe Musterung und Beschriftung der Planeten!
Spanne einen Teil der Schnur quer über den Reifen.
So kannst du den größten Ball als Sonne in der Mitte befestigen.
Nun hängst du alle weiteren Planeten am Reifen auf.

Sprache untersuchen

- Funktionen von Satzzeichen kennenlernen und diese setzen: Komma

- Reise ins Universum: S. 95, 99
- Arbeitsheft: S. 62
- Förderheft: S. 51
- Forderkartei: Nr. 107

Texte zusammenfassen 1

Für die Homepage der Schule hat Sarah einen Text über den Klassenausflug ins Planetarium geschrieben.

◇ **1** Lest Sarahs Text.

Zu den Sternen und zurück
Unsere Klasse war ganz aufgeregt.
Alle freuten sich schon lange auf den Ausflug ins Planetarium. Am Montag um acht Uhr fuhren wir los. Fast wären wir ohne Elias gefahren. Er hatte verschlafen und kam zu spät. Die Fahrt dauerte fast eine Stunde. Als wir in Jena ankamen, wartete schon ein Mitarbeiter des Planetariums auf uns. Sein Name war Herr Leopold. Er führte uns herum und erklärte, wie ein Planetarium funktioniert. Frau Werner kümmerte sich um die Eintrittskarten. Insgesamt musste sie über 100 Euro bezahlen. Aber das war es wert, denn der Film über die Entdecker des Himmels gefiel uns sehr. Wir lernten, dass Galileo Galilei herausfand, dass die Planeten um die Sonne kreisen. Im Anschluss an den Film lud uns Herr Leopold ein, die Ausstellung „Unterwegs auf der Milchstraße“ zu besuchen. Dort konnten wir viele tolle Planetenmodelle bewundern. Fast hätte Leon dabei den Jupiter umgeworfen. Zum Glück war Herr Leopold zur Stelle und rettete den Planeten. Nach dem Mittagessen durften wir dann eigene Planeten basteln. Nachdem alle einen Planeten gebaut hatten, ging es zurück zur Schule. Leider dauerte die Rückfahrt fast zwei Stunden. Der Grund für die Verspätung war ein Stau. Als wir endlich an der Schule ankamen, warteten unsere Eltern schon auf uns. Der Ausflug ins Planetarium war aufregend und spannend. Fahrt doch selbst einmal dorthin!

◇ **2** Erzähle einem Partner kurz mit deinen eigenen Worten, um was es in Sarahs Text geht.

▸ zentrale Aussagen von Texten erfassen

▸ Reise ins Universum: S. 97

▸ Arbeitsheft: S. 63

Texte zusammenfassen 2

1 Beantworte folgende Fragen.
- Wann unternahm Sarahs Klasse den Ausflug?
- Wohin fuhren sie?
- Wer begleitete die Kinder?
- Was haben sie dort erlebt?
- Würde Sarah den Ausflug weiterempfehlen? Wieso?

2 Sarahs Text ist zu lang, um ihn auf die Homepage zu stellen. Welche Sätze oder Satzteile könnte man weglassen? Überlegt gemeinsam.

Merksatz

Was man bei einer Zusammenfassung beachten muss:
- Lass weg, was für den Leser nicht unbedingt wichtig ist.
- Achte darauf, dich nicht ständig zu wiederholen.
- Gib nur die wichtigsten Informationen kurz wieder.

3 Besprecht die Meinungen der beiden Kinder zu folgendem Text:

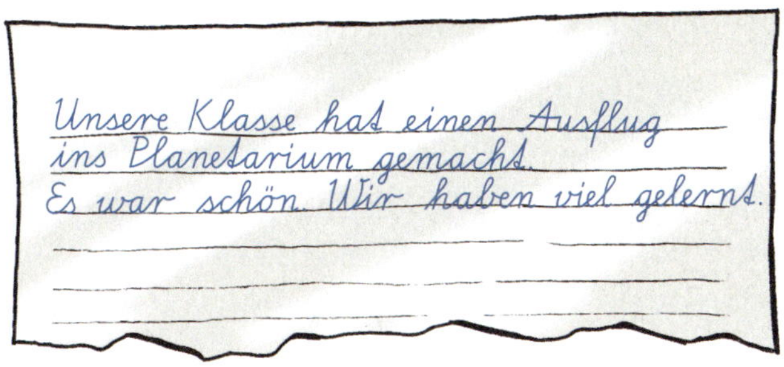

4 Fasse Sarahs Bericht mithilfe der Fragen von Aufgabe 1 kurz zusammen.

5 Schreibe eine Zusammenfassung über
- dein Lieblingsbuch,
- ein spannendes Erlebnis vom Wochenende,
- deinen schönsten Geburtstag.

6 Lest euch eure Texte gegenseitig vor. Besprecht, ob man gut versteht, worum es geht.

Gemeinsam Geschichten erfinden

◇ **1** Schaut euch das Bild genau an. Sprecht darüber.

◇◇ **2** Sammelt auf einem Blatt gemeinsam Verben, Substantive und Adjektive, die zu diesem Bild passen.

◇◇ **3** Entscheidet, ob ihr die Geschichte allein oder mit eurem Partner schreiben wollt.

◇◇ **4** Überlegt, ob das Bild zum Anfang, zum Mittelteil oder zum Ende eurer Geschichte passen soll.

◇◇◇ **5** Schreibt nun eure Geschichte. Nutzt eure Wörtersammlung.

◇◇◇ **6** Überlegt euch am Ende auch eine passende Überschrift.

◇◇ **7** Zeichnet passende Bilder zu eurer Geschichte.

- nach Anregungen schreiben
- mit Planungsmethoden arbeiten
- Schreibideen entwickeln

▸ Reise ins Universum: S. 99 ▸ Arbeitsheft: S. 64

Übungskiste 1

1 Schreibe die Schüttelwörter richtig auf und finde zu jedem Wort ein verwandtes Wort mit **a** oder **au**: *Gebäude – bauen, …*

eGdebäu selRät Nhäe cheräuStr
huäifg trveräumt Ekrältngu

2 Lege eine Tabelle an und ordne die Wörter ein. Achte dabei auf ihren Aufbau.

◁ □ ▷	◁ □	□ ▷
besprechen		

besprechen Vorbau Fahrt starten zerlegen
Abfall schweben Abschuss erstaunlich

3 Ergänze beim Abschreiben die Lücken.

Ihr ______ das Planetarium ______.
Ich ______ einen Aufsatz über den Ausflug ______.
Wir ______ noch zur Schule ______.

soll schreiben | dürft besichtigen | müssen gehen

bauen, baut
die Erkältung
das Gebäude,
die Gebäude
der Haufen,
die Haufen
häufig
kalt, kälter,
am kältesten
nah, näher,
am nächsten
die Nähe
raten, rät,
riet, geraten
das Rätsel,
die Rätsel
der Strauch,
die Sträucher
der Traum,
die Träume
verträumt
zerlegen,
zerlegt

4 Schreibe den Text in dein Heft.

Abschreibtext

Auf dem Weg zum Mond
1970 starteten Astronauten von der Erde zum Mond.
Sie sollten dort Experimente durchführen.
Vor der Landung kam es zu einer Explosion.
Durch ihr technisches Geschick und mit viel Glück kamen die Astronauten wieder sicher nach Hause.
Sie konnten unverletzt im Pazifischen Ozean landen.

5 Unterstreiche im Text die Wortgruppen mit Präpositionen.

Übungskiste 2

1 Lies die Sätze und finde zu jedem Satz eine Frage. Der unterstrichene Satzteil soll die Antwort sein:

Wo leben Außerirdische mit pinkfarbenen Hüten?

Auf dem Planeten Rosaria leben Außerirdische mit pinkfarbenen Hüten.
Seit Jahrtausenden leben die Rosarianer dort.
Gern würden sie einmal zur Erde fliegen.
Sie haben es schon dreimal versucht.

wo | wie oft | wohin | seit wann

groß, größer, am größten
heiß, heißer, am heißesten
nah, näher, am nächsten
weit, weiter, am weitesten
die Zukunft

2 Setze die Adjektive in der richtigen Form ein.

Der Neptun ist am ___ von der Sonne entfernt.
Die Venus ist ___ an der Erde als der Merkur.
Auf der Venus ist es am ___.
Die Erde ist ___ als der Mars.
Die Venus ist fast so ___ wie die Erde.

weit
nah
heiß
groß
groß

3 In den Sätzen fehlen die Kommas. Schreibe sie vollständig auf.

Planeten bestehen aus Gestein Eis oder Gas.
Jupiter Uranus Saturn und Neptun sind Gasplaneten.
Neben den Menschen waren auch schon Hunde Affen Katzen Schmetterlinge Schildkröten Fische und andere Tiere im Weltall.

4 Schreibe den Text im Futur in dein Heft.

Leben im Jahr 2100
Jeden Morgen weckt mich unser Hausroboter.
Er bereitet mir das Frühstück zu. Danach wähle ich am Computer meine Kleidung aus. Zur Schule bringt mich eine Rakete. Dort brauche ich keine Hefte.
Das Leben ist ganz anders.

5 Schreibe den Text über das Leben 2100 im Futur weiter.

Was kann ich nun?

Weißt du, was du nun alles kannst? Teste dich selbst!

1 Berichtige die falsch geschriebenen Wörter in deinem Heft.

Nähe kreftig erkleren Menner Retsel Gebeude Sträucher

2 Schreibe die Wörter ab. Markiere die Wortbausteine unterschiedlich.

Ablauf laufen Läufer Lauf verlaufen

3 Was passt zusammen? Ordne die Satzteile richtig zu und schreibe die Sätze in dein Heft. Markiere alle Verben.

Mit der Rakete soll	man Sternschnuppen beobachten.
Am Himmel kann	einen Ausflug nach Schlaraffia machen.
Die Außerirdischen wollen	die Astronautin heute starten.

4 Setze beim Abschreiben die fehlenden Kommas ein.

Auf der Erde interessieren sich Menschen seit Jahrtausenden für die Sonne den Mond und die Sterne. In den vergangenen Jahren waren auch Hunde Katzen Affen und andere Tiere im Weltall.

5 Unterstreiche in den Sätzen von Aufgabe 4 die Ortsbestimmungen und die Zeitbestimmungen verschiedenfarbig.

6 Schreibe die Sätze mit den richtigen Präpositionen ab.

Am/Im Himmel sehen wir viele Himmelskörper.
Ein Komet rast über/durch das Weltall.

7 Steigere die vier Adjektive aus der Wörterschlange.

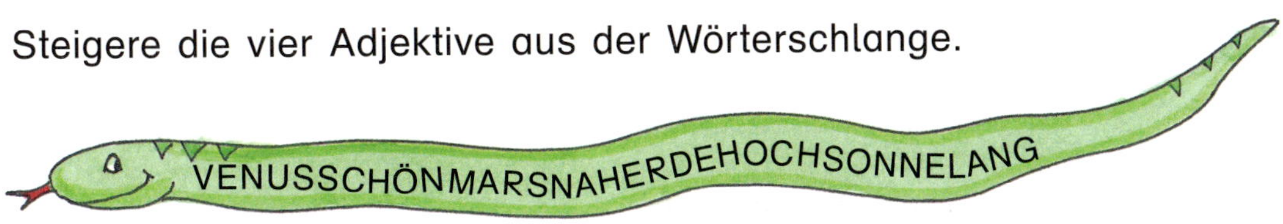

Im und am Wasser

Wasser ist Leben

◇ **1** Betrachtet das Bild genau und besprecht, wo ihr Wasser entdeckt.

◇ **2** Lest den Text.

Vom Weltraum aus erscheint die Erde als blauer Planet.
Das liegt an den Ozeanen, die den größten Teil der Erde mit Wasser bedecken. Dieses Wasser ist Salzwasser. Man kann es nicht trinken. Es bildet den größten Anteil des Wasservorkommens auf der Erde. Nur ein kleiner Teil unseres Wassers ist Süßwasser. Wir finden es überwiegend als Eis am Nord- und Südpol und in den Gletschern. Auch in Seen, Bächen und Flüssen kommt Süßwasser vor. Regenwasser ist ebenfalls Süßwasser.
Es versickert im Boden. Gelangt es an eine wasserundurchlässige Schicht, sammelt es sich dort und bildet das Grundwasser.
Oft quillt es wieder an die Erdoberfläche.
Aus Grundwasser gewinnen wir unser Trinkwasser.

◇◇ **3** Welche Wörter kennt ihr noch nicht? Klärt ihre Bedeutung.

◇◇◇ **4** Wenn es so viel Wasser auf der Erde gibt, warum müssen wir dann sparsam damit umgehen?

▸ Verständnisprobleme formulieren
▸ Textformen kennenlernen: Sachtexte

▸ Arbeitsheft: S. S. 71, 72

Wasser ist kostbar

◇ **1** Lest den Text.

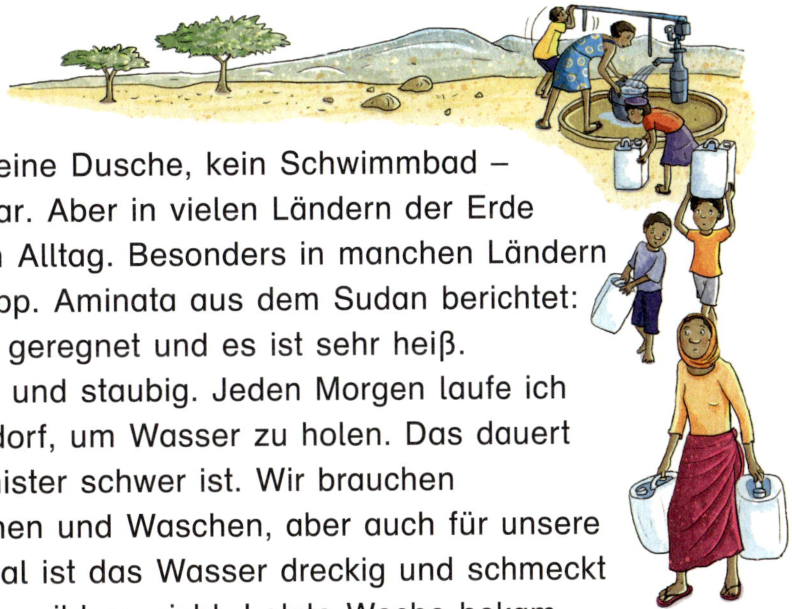

Kein fließendes Wasser, keine Dusche, kein Schwimmbad – für uns ist das unvorstellbar. Aber in vielen Ländern der Erde gehört Wassermangel zum Alltag. Besonders in manchen Ländern Afrikas ist Süßwasser knapp. Aminata aus dem Sudan berichtet: „Seit Wochen hat es nicht geregnet und es ist sehr heiß. Das Land ist ganz trocken und staubig. Jeden Morgen laufe ich zum Brunnen im Nachbardorf, um Wasser zu holen. Das dauert lange, weil der Wasserkanister schwer ist. Wir brauchen Wasser zum Trinken, Kochen und Waschen, aber auch für unsere Felder und Tiere. Manchmal ist das Wasser dreckig und schmeckt eklig. Aber anderes Wasser gibt es nicht. Letzte Woche bekam meine kleine Schwester davon Bauchweh und Durchfall."

◇◇ **2** Besprecht, welche Auswirkungen Wassermangel haben kann.

◇◇ **3** Vervollständige die Sätze wie im Beispiel:
Der Boden ist ausgetrocknet, weil es lange nicht geregnet hat.

Der Boden ist ausgetrocknet, weil …	Es hat lange nicht geregnet.
Wir brauchen Wasser, damit …	Wir können unsere Felder bewässern.
Viele Menschen werden krank, weil …	Sie trinken schmutziges Wasser.

◇◇ **4** Überlegt in der Gruppe, wofür ihr täglich Wasser braucht.
Sammelt eure Ergebnisse in einem Gedankenschwarm.

◇ **5** Sauberes Wasser hat viele Eigenschaften.
Bilde Adjektive und ergänze diesen Satz: *Sauberes Wasser ist …*

farb- | geruch- | geschmack- | los

◇◇◇ **6** Welche Tipps habt ihr für einen verantwortungsvollen Umgang mit Wasser? Sammelt gemeinsam: *Gieße die Blumen mit Regenwasser. …*

Leben in unseren Bächen und Teichen

◇ **1** Ordne die Namen
vom Bild diesen Oberbegriffen zu:

Fische: ... *Insekten: ...*
Vögel: ... *Säugetiere: ...* *Pflanzen: ...*

◇ **2** Lest den Text.

Tiere, die im Wasser und an Land leben, nennt man Amphibien. Hierzu gehören Frösche und Kröten. Sie legen nach der Paarung ihre Eier im Wasser ab. Dieser Vorgang heißt Ablaichen. Nach ein bis drei Wochen schlüpfen aus den Eiern kleine Larven. Nach zehn Tagen hat die Larve die Form einer Kaulquappe. Der Schwanz ist geformt wie eine Flosse. So kann die Kaulquappe schwimmen. Sie ernährt sich von Algen und Wasserpflanzen. Nach etwa sechs Wochen schwimmen die Tiere immer häufiger an die Wasseroberfläche, um zu atmen. Es haben sich Lungen gebildet. Schließlich verlässt der junge Frosch das Wasser, um an Land zu leben. Nun ernährt er sich von Kleintieren, Würmern und Mücken.

◇◇ **3** Im Text sind fünf Wörter unterstrichen. Klärt ihre Bedeutung.

◇◇ **4** Schreibe Stichpunkte zur Entwicklung des Frosches auf.
Diese Fragen können dir helfen: *Wo legt der Frosch seine Eier ab? Wie nennt man diesen Vorgang? Wann schlüpfen die Larven?*

- Bedeutung von Wörtern klären
- zweckorientiert schreiben: Stichpunkte

▸ Richtig schreiben: S. 124
▸ Texte verfassen: S. 131
▸ Arbeitsheft: S. 66, 71, 72
▸ Förderheft: S.
▸ Forderkartei: Nr. 43, 44

Leben im Meer

◇ **1** Lest den Text.

Der Blauwal ist das größte und schwerste Tier der Erde. Er lebt in allen Weltmeeren. Ein Blauwal kann 33 Meter lang und bis zu 150 Tonnen schwer werden. Sein Herz ist so groß wie ein kleines Auto und seine Zunge wiegt so viel wie ein Elefant. Seine Fettschicht ist bis zu 40 cm dick und schützt ihn vor der Kälte des Wassers. Blauwale können achtzig Jahre alt werden. Obwohl der Blauwal im Meer lebt, ist er kein Fisch, sondern ein Säugetier. Wale bringen ihre Jungen lebend zur Welt. Die Jungtiere werden von ihren Müttern gesäugt. Der Nachwuchs ist bei der Geburt ungefähr sieben Meter lang und wiegt 2500 Kilogramm – so viel wie ein Kleinbus. Blauwale leben allein oder in einer Mutter-Kind-Gruppe.
Der Wal hat Lungen und kommt zum Atmen an die Wasseroberfläche. Durch das Blasloch, das Nasenloch des Wales, atmet er. Beim Ausatmen stößt er eine hohe Fontäne aus. Unter Wasser wird das Blasloch verschlossen. Blauwale ernähren sich von winzigen Krebsen, dem Krill.

◇◇ **2** In diesem Text findest du unterschiedliche Sachinformationen. Schreibe einen Steckbrief zum Blauwal.

Lebensraum: …
Größe: *bis zu … lang*
Gewicht: …
Fortpflanzung: …
Besonderheiten: …
Nahrung: …

◇◇ **3** Schreibe diese Verben ab und ergänze die 3. Person Singular:
blasen – er bläst, …

blasen stoßen rasen speisen verschließen

Der Wasserkreislauf

1 Das Wasser auf der Erde befindet sich in einem ständigen Kreislauf. Schaut euch das Bild genau an und beschreibt den Kreislauf des Wassers.

2 Schreibe die Abschnitte in der richtigen Reihenfolge auf.

A	Ein Teil des Wassers versickert im Boden. Es bildet das Grundwasser.
B	Werden die Wolken zu schwer, regnet es. Ist es dazu noch sehr kalt, fällt Schnee.
C	Die Sonnenwärme verwandelt das Wasser in Wasserdampf. Das Wasser verdunstet und steigt nach oben.
D	Das Wasser fließt bergab. Es sammelt sich in Bächen oder Flüssen. Diese fließen ins Meer.
E	Hier verwandelt sich der Wasserdampf wieder in Tropfen und bildet Wolken. Diesen Vorgang nennt man kondensieren.

3 Stelle jeden Satz einmal um, sodass das Wort **Wasser** nicht am Anfang steht. Bilde auch einen Fragesatz. Schreibe die Sätze in dein Heft.

Wasser wird bei Wärme zu Wasserdampf.
Wasser gefriert bei Temperaturen unter dem Gefrierpunkt.
Wasser sammelt sich in Gewässern.
Wasser fällt im Winter oft als Schnee auf die Erde.

4 Trenne in den Sätzen von Aufgabe 3 die Satzglieder durch Striche voneinander ab: *Bei Wärme / wird / Wasser ...*

- Bildinformationen versprachlichen und nutzen
- Satzglieder umstellen

▸ Sprache untersuchen: S. 130
▸ Arbeitsheft: S. 70
▸ Förderheft: S. 49

Ideenkiste

Wasserkreislauf selbst gemacht

Wir benötigen:
- ein großes Glas mit Schraubdeckel
- eine kleine Schale mit Wasser
- eine kleine Pflanze
- etwas Blumenerde
- Sand
- kleine Steine

Richte dein Glas ein:
1. Fülle zunächst die kleinen Steine ein.
2. Füge erst den Sand
   und dann die Erde hinzu.
3. Setze die Pflanze in die Erde
   und begieße sie mit etwas Wasser.
4. Verschließe das Glas danach mit dem Deckel
   oder einer Folie und einem Gummiband.
5. Stelle es an einen sonnigen Platz.
6. Beobachte das Glas täglich
   über einen längeren Zeitraum.

Schreibe wie im Beispiel auf:
Was vermutest du?
Was beobachtest du?
Was stellst du fest?

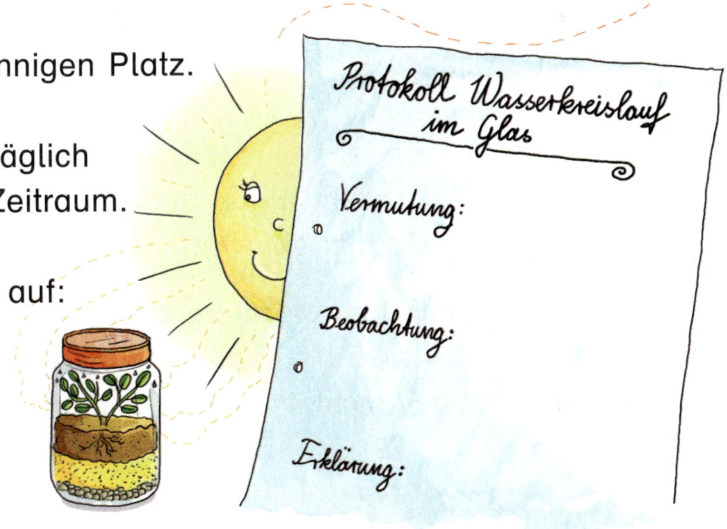

Was würde passieren, wenn das Glas offen wäre?

Wörter mit chs und ai üben

1 Schreibe die Wörter mit **chs** in dein Heft. Beachte die Groß- und Kleinschreibung: *Eidechse, ...*

Merksatz
Es gibt nicht viele Wörter mit **chs** und **ai**. Du musst sie dir merken.

EIDE__E WA__EN BÜ__E GEWÄ__
ERWA__ENE O__E A__E WE__ELN

2 Bilde Reimwörter. Schreibe die Sätze auf.

Im Wasser schwimmt der Lachs. Ganz scheu ist der Luchs.
Im Wald lebt der D__. Sehr anpassungsfähig ist der F__.

3 Bilde zusammengesetzte Substantive.
Schreibe so: *die Blechbüchse, ...*

Blech Fuchs Gewächs Kerze

Büchse Haus Bau Wachs

4 Finde mit **Fuchs** und **Wachs** weitere zusammengesetzte Substantive.

5 Ordne die Wörter mit **ai** zu.
Schreibe so: *Monat: Mai, ...*

~~Monat~~ Getreidepflanze Raubfisch
Teil einer Gitarre Froscheier

~~Mai~~ Hai Mais
Saite Laich

6 **Ai/ai** oder **Ei/ei**? Trage die Substantive in die Tabelle ein. Kontrolliere mit dem Wörterverzeichnis.

Wörter mit Ai/ai	*Wörter mit Ei/ei*

W__senhaus Bügel__sen K__serpinguin M__spflanze
__erbecher T__ch Froschl__ch Buchs__te

- Rechtschreibstrategie nutzen: merken
- Wörter sammeln und ordnen

▶ Im und am Wasser: S. 120 ▶ Arbeitsheft: S. 66

Forscheraufgabe

Hier findet ihr die Forscheraufgabe zu Seite 126.

Wörter mit s

◇◇ **1** Sprecht die Wörter **reist** und **reißt**. Was fällt euch auf?

◇◇ **2** Sprecht nun die Wörter **reisen** und **reißen**. Was klingt anders?

◇ **3** Sprecht diese Bildwörter erst im Singular und dann im Plural deutlich aus. Achtet dabei vor allem auf die s-Laute.

◇◇◇ **4** Überlegt euch eine Strategie, die euch hilft, die Bildwörter richtig zu schreiben.

◇◇ **5** Schreibe die Bildwörter von Aufgabe 3 mit ihrem Plural richtig auf.

◇◇◇ **6** Finde weitere Wörter mit einem **s** am Wortende. Schreibe sie auf.

◇◇ **7** Sammelt weitere Wörter mit **ß**. Nutzt die Übungen von Seite 82.

Wörter mit s und ß verlängern

Bevor ihr hier arbeitet, löst die Forscheraufgabe von Seite 125.

Merksatz

Manchmal hören sich **s** und **ß** gleich an:
Glas – Spaß, er niest – es fließt.
Wenn du die Wörter verlängerst, kannst du hören,
ob sie mit **s** oder **ß** geschrieben werden:
Gläser – Späße, niesen – fließen.

1 Schreibe die Verben ab und ergänze die Infinitive (Grundformen):
es bläst – blasen, …

~~es bläst~~ sie reist du liest sie rast er niest er löst
es grast du beweist es braust sie saust er tost

2 Setze **s** oder **ß** ein. Schreibe die Substantive
im Singular und Plural auf: *der Kreis – die Kreise, …*

~~der Krei■~~ das Lo■ der Sto■ der Auswei■ der Gru■
der Strau■ der Fu■ das Glei■ das Gla■ der Bewei■

3 Schreibe diese Adjektive in Wortgruppen auf: *das geruchlose Wasser*

~~geruchlo■~~ gro■ nervö■ harmlo■ hei■ sü■

4 Schreibe diese Sätze im Singular auf: *Das Kind liest, …*

Die Kinder lesen, die Kranken niesen.
Die Autos rasen, die Pferde grasen.
Die Sportler um die Wette sausen,
die Radfahrer um die Ecke brausen.
Die Omas gern ein Rätsel lösen, die Katzen in der Sonne dösen.

5 Diese Wörter mit **s** musst du dir merken. Schreibe Sätze mit ihnen.

nichts rechts links bis etwas selbst besonders

▸ Rechtschreibstrategien nutzen: verlängern
▸ Im und am Wasser: S. 119, 121
▸ Arbeitsheft: S. 67
▸ Fö/Fo: S. 30 /Nr. 69, 70
▸ AH inklusiv: S. 44, 45

Gleichklingende Wörter unterscheiden

Seid ihr schon mal am Meer gewesen?

Seit zwei Jahren sind wir im Sommer am Meer.

1 Sprecht den Text in den Sprechblasen. Was fällt euch auf?

Merksatz

Es gibt Wörter, die gleich klingen,
aber eine unterschiedliche Bedeutung haben.
Sie werden auch unterschiedlich geschrieben.

2 Besprecht in der Klasse, wann man welches Wort benutzt.
Schreibt die Sätze vollständig in eure Hefte.

ist oder **isst**?
Das Wasser ___ sauber. Er ___ gerade ein Stück Melone.

seid oder **seit**?
___ ihr schon mal in einem anderen Land gewesen?
Ich kann ___ drei Jahren schwimmen.

war oder **wahr**?
Das kann ja wohl nicht ___ sein!
Das Wasser ___ heute sehr kalt.

Seite oder **Saite**?
Auf der anderen ___ des Sees schwimmt ein Schwan.
Diese ___ muss erst gestimmt werden.

Waise oder **weise**?
Er trifft eine ___ Entscheidung.
Eine ___ lebt oft in einer Pflegefamilie.

3 Schreibe zu den Wörtern von Aufgabe 2 eigene Sätze auf.

4 Schreibe zu folgenden gleichklingenden Wortpaaren eigene Sätze.

Wal – Wahl | Bote – Boote | fiel – viel | Lied – Lid

▸ Wortbedeutungen klären und Schreibweisen merken
▸ Im und am Wasser: S. 121
▸ Arbeitsheft: S. 68

Sätze verbinden 1

◇ **1** Lest die Sätze und vergleicht. Was fällt euch auf?

Nelly zieht ihre Regenjacke an. Draußen regnet es.
Nelly zieht ihre Regenjacke an, wenn es draußen regnet.

Hannes fährt zum See. Er ist dort mit Freunden verabredet.
Hannes fährt zum See, weil er dort mit Freunden verabredet ist.

◇ **2** Unterstreiche beim Abschreiben das Bindewort hinter dem Komma.

Merksatz

Mit **Bindewörtern** (Konjunktionen) lassen sich Sätze miteinander verbinden. Bindewörter sind: *weil, damit, wenn, dass, sodass, obwohl, nachdem, da, als, indem, …*
Vor dem Bindewort steht ein Komma.

◇◇ **3** Lest die Sätze. Verbindet sie mit dem Bindewort:
Der Lebensraum der Wale wird zerstört, weil Öl und giftiges Abwasser die Meere verschmutzen.

Warum sind Wale gefährdet?

Der Lebensraum der Wale wird zerstört.	**weil**	Öl und giftiges Abwasser verschmutzen die Meere.
Viele Wale ersticken.	**wenn**	Sie verfangen sich in den Netzen der Fischer.
Manche Wale stranden an unseren Küsten.	**nachdem**	Sie haben sich im flachen Wasser verirrt.
Es werden immer noch Wale gejagt.	**obwohl**	Der Walfang ist verboten.

◇ **4** Schreibe die Sätze mit den Bindewörtern in dein Heft:
Der Lebensraum der Wale wird zerstört, weil Öl und …

▸ Zeichensetzung vor Konjunktionen kennenlernen
▸ Satzteile verbinden

▸ Im und am Wasser: S. 119
▸ Arbeitsheft: S. 69

Sätze verbinden 2

1 Setzt beim Lesen die Bindewörter sinnvoll ein.

weil | wenn | damit | obwohl | indem

Zum Gewässerschutz kann jeder beitragen, ___ er sorgsam mit dem Wasser umgeht. Autowaschen auf der Straße ist nicht erlaubt, ___ es das Grundwasser verschmutzt. Wir schonen die Umwelt, ___ wir sparsam mit Reinigungsmitteln umgehen. Plastikmüll landet im Meer, ___ er dort nichts zu suchen hat. Wir verzichten auf Plastiktüten, ___ die Umwelt geschont wird.

2 Verbinde immer zwei Sätze mit dem Bindewort **weil, wenn** oder **obwohl**. Schreibe so: *Grundwasser ist meist klar und sauber, weil es durch die Schichten des Bodens gereinigt wird.*

Grundwasser ist meist klar und sauber.
Es wird durch die Schichten des Bodens gereinigt.
Grundwasser ist für den Menschen wichtig.
Daraus wird Trinkwasser gewonnen.
Wir verbrauchen viel Wasser. Wir baden täglich.
Wasser sammelt sich in einer Tonne. Es regnet.
Nur einen kleinen Teil des Wassers können wir nutzen.
Die Erdoberfläche ist zum großen Teil mit Wasser bedeckt.
In armen Ländern trinken viele Menschen schmutziges Wasser.
Es enthält Krankheitskeime.

3 In der Klasse 4b diskutieren die Schüler:
Warum ist der Schutz der Meere notwendig?
Schreibe deine Meinung zu diesem Thema auf und begründe sie. *Ich finde, dass, ... Wir müssen ..., damit .... Ich fände es gut, wenn ...*

Vom Aussterben bedroht

Ölkatastrophe im Meer

Plastikmüll im Meer

Meeressäuger verfangen sich in Netzen

Fischbestände gefährdet

Sprache untersuchen

- Zeichensetzung vor Konjunktionen beachten
- Satzteile verbinden

▶ Im und am Wasser: S. 119 ▶ Arbeitsheft: S. 69

Satzglieder umstellen – Texte verbessern

◇ **1** Lest den Text.

Im Schwimmbad

Felix steht auf dem Startblock.
Er ist ein guter Schwimmer.
Er springt mit einem Startsprung ins Wasser.
Er schwimmt mit langen Zügen durch das Becken.
Er erreicht schnell die andere Seite.
Felix möchte nun mit Paul um die Wette schwimmen.
Er will aber jetzt kraulschwimmen.
Er kann das besonders gut.
Er springt zusammen mit Paul ins Wasser.
Er kommt vor Paul an der anderen Seite an.

◇◇ **2** In dem Text fangen fast alle Sätze mit **Er** an.
Stellt beim Vorlesen andere Satzglieder an den Satzanfang. Einige Satzglieder, die ihr an den Anfang stellen sollt, sind schon unterstrichen.
Bei anderen müsst ihr selbst überlegen, wie ihr den Satz umstellen wollt.

Merksatz

In einem Text kommt es darauf an, an welchen Stellen die Satzglieder in einem Satz stehen.
Besonders die **Satzanfänge** sind für einen guten Text wichtig.
Durch **das Umstellen von Satzgliedern** kann man einen Text **verbessern**.

◇◇ **3** Schreibe die Sätze verändert auf.

◇◇ **4** Lest euch eure Texte gegenseitig vor.

Stichpunkte aufschreiben

◇ **1** Lest den Text.

Libellen
Libellen gehören zu den Insekten.
Bereits vor über 300 Millionen Jahren lebten die Vorfahren unserer heutigen Libellen. Manche hatten Flügelspannweiten von 60 cm.
Im Aussehen sind die Libellen ihren Vorfahren sehr ähnlich.
Ihre Flügel haben aber nur eine Spannweite von 2 bis 15 cm.
Libellen kommen in vielen Farben vor.
Es gibt heute weltweit etwa 5000 Arten.
Libellen sind Flugkünstler. Sie können wie ein Vogel in der Luft stehen oder wie ein Segelflugzeug dahingleiten.
Sie beschleunigen blitzschnell oder ändern abrupt die Richtung.
Manche Arten können sogar rückwärtsfliegen.

◇ **2** Die wichtigsten Informationen in diesem Text sind unterstrichen. Schreibe sie als Stichpunkte in dein Heft.

◇ **3** Lest den Text über die Libellen weiter.

In der Luft jagen sie nach Mücken, Fliegen oder sogar kleineren Libellen. Die längste Zeit ihres Lebens verbringen sie jedoch als Larve unter Wasser. Die meisten Arten legen ihre Eier in Gewässern ab. Aus ihnen entwickeln sich die Larven.
Sie ernähren sich von Mückenlarven und Kaulquappen.
Da der Panzer der Larve nicht mitwachsen kann, muss sich das Tier immer wieder häuten. Vor der letzten Häutung kommt es jedoch an die Wasseroberfläche. Dort schlüpft die Libelle.
Nach der Paarung und der Eiablage stirbt die Libelle.
Doch da wächst im Wasser schon die nächste Generation heran.
Libellen können nicht stechen.

◇◇ **4** Wähle die wichtigsten Informationen aus diesem Textteil aus und schreibe sie als Stichpunkte auf.

◇◇ **5** Halte nun mithilfe deiner Stichpunkte einen Vortrag über die Libelle.

- zweckorientiert schreiben: Stichpunkte
- einen Kurzvortrag halten
- Im und am Wasser: S. 120, 121
- Im Jahreskreis: S. 143
- Arbeitsheft: S. 71, 72
- Fö/Fo: S. 20 /Nr. 43, 44
- AH inklusiv: S. 16, 17

Ein Haiku kennenlernen und schreiben

Das Haiku ist eine japanische Gedichtform.
Es erzählt, wie der Mensch die Natur sieht.

◇ **1** Lest die Haikus.

Salzige Seeluft.
Möwen über mir kreisen.
Wolken im Wasser.

Schnee fällt und Regen.
Tropfen auf kahlen Ästen.
Winzige Knospen. (Martin Auer)

◇ **2** Findet heraus, nach welchem Bauplan sie geschrieben wurden.

1. Zeile: ___ Silben 2. Zeile: ___ Silben 3. Zeile: ___ Silben

◇ **3** Schreibe ein Haiku von oben ab und male ein Bild dazu.

◇ **4** Lest die Gedichtzeilen und ordnet sie nach der Anzahl der Silben.
Zeichnet Silbenbögen unter die Wörter.

Fünf Silben: Wunderwelt Wasser.

Sieben Silben: Im Sand meine Fußspuren.

Wunderwelt Wasser.
Im Sand meine Fußspuren.
Das Meer spült sie fort.
Wasser umspült mich.
Barfuß am Bach stehn.
Eintauchen in die Stille.

Ich laufe am Strand.
Unter mir Kieselsteine.
Heiß ist es draußen.
Ein Regen kühlt meine Haut.
Die Luft anhalten.
Wellen überschlagen sich.

◇◇ **5** Wählt zwei Zeilen mit fünf
und eine Zeile mit sieben Silben aus.
Setzt sie zu einem Wasser-Haiku zusammen
und schreibt das Gedicht auf.

◇◇ **6** Sammelt eure Haikus und veröffentlicht sie in der Klasse.

- Textformen kennenlernen: Haiku
- nach Mustern eigene Texte verfassen

Übungskiste 1

1 Schreibe die Wörter nach Wortfamilien geordnet auf.

Gewächs Wechsel gewachsen
Wachstum gewechselt
wechseln wachsen auswechseln

2 Schreibe nur die Wörter mit **chs** in dein Heft.

der Da___ se___ das Le___ikon
die Eide___e die Erwa___enen die Ke___e

3 Schreibe die Sätze vollständig auf.
Verwende die Wörter mit **ai** aus der Wörterleiste.

Eine bekannte Getreidepflanze ist der ___.
Ein gefürchteter Raubfisch ist der ___.
Ein Herrscher mit einer Krone ist ein ___.
Ein Draht auf der Gitarre heißt ___.
Die Eier vom Frosch nennt man auch ___.

der Dachs,
die Dachse
denn
die Eidechse,
die Eidechsen
der Erwachsene,
die Erwachsenen
der Hai, die Haie
der Kaiser,
die Kaiser
der, das Keks,
die Kekse
der Laich,
die Laiche
das Lexikon,
die Lexika
der Mais
die Saite, die Saiten
sechs
weil

4 Schreibe den Text ab.

Abschreibtext

Die Entwicklung der Wale
Die Urwale lebten vor 60 Millionen Jahren auf dem Land, da sie noch keine Wassertiere waren. Im flachen Wasser machten sie Jagd auf kleinere Tiere. Allmählich verloren sie ihre Haare, weil sich ihr Fell im Wasser vollsaugte. Die Vorderbeine und der Schwanz verwandelten sich in Flossen, damit sich die Wale gut im Meer fortbewegen konnten. Beim Auftauchen konnten sie nun besser Luft holen, weil sich die Nasenlöcher von der Schnauze nach oben auf den Kopf verschoben hatten.

5 Unterstreiche die Bindewörter im Text.

▸ Rechtschreibstrategien, Arbeitstechniken und Übungsformen anwenden
▸ Richtig schreiben: S. 124
▸ Sprache untersuchen: S. 128
▸ Arbeitsheft: S. 66, 69

Übungskiste 2

1 Ergänze die Sätze richtig.

Die Geschichte ist ______ (war / wahr).

Ich bin ______ (seit / seid) zwei Jahren im Sportverein.

2 Schreibe die Bildwörter im Singular und Plural auf: *das Gras – die Gräser, …*

3 Verbinde die Sätze mit dem Bindewort **weil**.

Lisa fährt an den Badesee.
Sie möchte schwimmen gehen.

Am See sucht sie ihre Freundin Mina.
Sie hat sich mit ihr verabredet.

das Floß, die Flöße
der Fuß, die Füße
das Glas, die Gläser
das Gras, die Gräser
die Information, die Informationen
das Internet
der Kloß, die Klöße
sein, ist, war, gewesen
seit
der Spiegel, die Spiegel
wahr

4 Verbessere den Text: Stelle die Sätze so um, dass jeder Satzanfang anders ist. Schreibe den Text auf.

Pia soll einen Vortrag über Haie halten. Sie hat sich in der Bücherei ein Buch ausgeliehen. Sie sucht auch im Internet nach Informationen. Sie schreibt sich Stichpunkte auf. Sie übt den Vortrag vor dem Spiegel.

5 Lies den Text.

Der Hai
Haie werden etwa vier bis sechs Meter lang und bis zu 2000 Kilogramm schwer. Ihr Skelett besteht aus Knorpel. Haie fressen Fische, Robben und Seelöwen. Sie haben eine empfindliche Nase und können sogar Bluttropfen über mehrere Kilometer riechen. Ihr Gebiss hat eine Besonderheit: Ausgefallene Zähne werden durch neue ersetzt. Fast alle ausgewachsenen Haiarten haben keine natürlichen Feinde.

6 Schreibe Stichpunkte zum Hai auf.

▸ Rechtschreibstrategien, Arbeitstechniken und Übungsformen anwenden
▸ Richtig schreiben: S. 124–126
▸ Sprache untersuchen: S. 128–130
▸ Texte verfassen: S. 132
▸ Arbeitsheft: S. 67–72
▸ Fö/Fo: S. 20, 30, 49 /Nr. 43, 44, 69, 70
▸ AH inklusiv: S. 16, 17, 44, 45

Was kann ich nun?

Weißt du, was du nun alles kannst? Teste dich selbst!

1 Setze beim Abschreiben **chs** oder **ks** ein.

Die Eide___e versteckt sich lin___ hinter der Mauer.
Der Fu___ wohnt manchmal mit dem Da___ in einem Bau.
Die Ke___e werden in der Blechbü___e aufbewahrt.
Im Gewä___haus wa___en die Tomaten.

2 In jedem Satz ist ein Fehler versteckt. Schreibe die Sätze richtig ab.

Der Hei ist ein Raubfisch. Im Taich leben viele Tiere.
Aus Froschleich entwickeln sich Kaulquappen.
Die Saite im Buch über Kaiserpinguine finde ich interessant.

3 Setze **s** oder **ß** richtig ein. Schreibe die Substantive im Singular und im Plural in dein Heft.

der Krei___ der Fu___ das Lo___ der Strau___ das Gla___ der Sto___

4 Schreibe die Sätze vollständig auf.

Die ___ (Seite / Saite) der Gitarre ist gerissen.
Paul ___ (ist / isst) gern Möhrengemüse.
Er reitet ___ (seit / seid) drei Jahren.

5 Setze beim Abschreiben die Bindewörter **weil** oder **obwohl** ein.

Lena freut sich auf die Ferien, ___ sie dann mit ihren Eltern in den Urlaub fährt. Sie fahren ans Meer, ___ Lena lieber in die Berge gefahren wäre.

6 Stelle die Sätze so um, dass das Wort **Er** nicht am Anfang steht.

Paul verbringt die Ferien an einem See. Er angelt jeden Morgen. Er füttert mit seiner Schwester die Enten. Er geht oft schwimmen.

- Rechtschreibstrategien und Arbeitstechniken anwenden
- Lernprozesse reflektieren

▸ Lösungen: S. 166 ▸ Arbeitsheft: S. 73

Im Jahreskreis

Kinder feiern ...

◇ **1** Lest die Texte.

Ich heiße Inga
und lebe mit meiner Familie in Schweden.
Am 13. Dezember feiern wir das *Luciafest*.
Santa Lucia ist die Schutzpatronin des Lichtes.
Die älteste Tochter einer Familie darf den Luciakranz
aus Buchsbaum und Kerzen aufsetzen.
Sie trägt ein weißes Kleid mit einem roten Band.
In allen schwedischen Schulen wird eine Schülerin
zur heiligen Lucia gewählt. Letztes Jahr war ich die Lucia
in unserer Schule. Das war sehr aufregend.

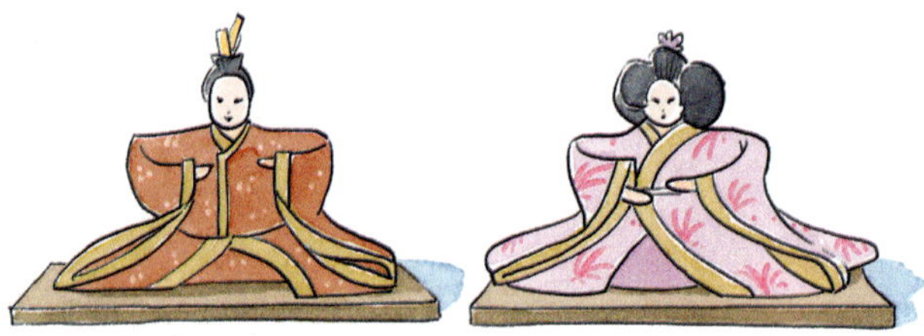

Mein Name ist Sayo.
Ich lebe in Japan.
Am 3. März findet das Puppenfest
Hina-Matsuri statt.
An diesem Tag stellen die Kinder
traditionell gekleidete Puppen auf.
Hina heißt auf Japanisch kleine Puppe.
Viele Menschen in Japan glauben, dass sich Sorgen
und Unglück auf diese Figuren übertragen lassen.
In einigen Gegenden des Landes werden Puppen
aus Papier in Strohbooten aufs Meer gesetzt.
So sollen Sorgen und Unglück davonschwimmen.

▸ Feste anderer Länder kennenlernen

... rund um die Welt

Mein Name ist Dilek.
Ich lebe mit meiner Familie in der Türkei.
Mein Lieblingsfest ist das *Çocuk bayramı*.
An diesem Tag, dem 23. April, werden
die türkischen Kinder geehrt.
Viele Kinder führen Tänze vor.
Dafür ziehen wir unsere schönste Tracht an
oder verkleiden uns mit Kostümen.
Außerdem gibt es kleine Geschenke.

◇◇ **2** Schreibe die Fragen in dein Heft. Beantworte sie in einem Satz.

- In welchem Land lebt Inga?
- An welchem Tag wird das Luciafest gefeiert?
- In welchem Land führen die Kinder an ihrem Fest Tänze vor?
- In welchem Monat findet das Kinderfest in der Türkei statt?

- In welchem Land lebt Sayo?
- Wann ist das Puppenfest in Japan?
- Warum werden Strohboote aufs Meer gesetzt?
- Was heißt *kleine Puppe* auf Japanisch?

◇◇ **3** In Indien gibt es das Fest *Holi*.
Dieses bunte Fest macht Kindern viel Spaß.
Suche im Internet nach Informationen.
Schreibe einen kurzen Text darüber.
Ihr könnt zu zweit arbeiten.

◇ **4** Vergleicht und ergänzt eure Texte.

◇◇ **5** Im Internet unter *www.blinde-kuh.de* findest du Informationen zu weiteren Festtagen. Wähle einen Festtag aus. Stelle ihn mit eigenen Worten deiner Klasse vor und schreibe dazu einen Stichwortzettel.

Halloween | Silvester | Weihnachten

- Texten Informationen entnehmen
- im Internet recherchieren

1 Aprilscherze werden am 1. April gemacht. An diesem Tag versucht man, seine Mitmenschen durch erfundene oder verfälschte Geschichten oder Informationen hereinzulegen. Lest den Text. Überlegt, was wirklich im Matheheft stehen könnte.

Ein Aprilscherz
Tim kommt ganz betrübt nach Hause.
Er hat sein Matheheft hinter dem Rücken versteckt.
„Zeig mal, was du da hinter dem Rücken hast",
sagt die Mutter.
„Bitte, schimpf nicht!", fleht Tim weinerlich.
„Hast du eine schlechte Note geschrieben?"
„Ja, eine ganz schlechte Note."
Die Mutter schaut in das Heft
und ist überrascht.
Tim ruft: „April, April!"

2 Wie hast du schon einmal jemanden in den April geschickt? Bist du selbst schon einmal auf einen Aprilscherz reingefallen? Tauscht euch aus.

3 Auch Zeitungen versuchen, ihre Leser in den April zu schicken. Lest euch die Schlagzeilen der Tageszeitungen durch. Sprecht darüber.

4 Wähle eine Schlagzeile aus und schreibe dazu einen Aprilscherz in dein Heft.

◗ Texte adressaten- und situationsorientiert schreiben: Aprilscherze

Zum Verschenken

Blütenpapier

Du brauchst:

- altes Papier (Eierkartons, Tageszeitungen, Schreibpapier)
- Tüte Blumensamen
- kleine Schüssel
- Mixer
- Geschirrtuch
- Nudelholz
- Löffel
- Wasser
- Sieb
- Tonkarton für die Karte

1. Reiße das Papier in kleine Stücke und lege es in die Schüssel.

2. Fülle etwas Wasser in die Schüssel. Rühre alles gut um und warte 30 Minuten.
3. Zerkleinere die Masse mit dem Mixer.

4. Fülle die breiige Masse in ein Sieb und lasse das Wasser gut abtropfen.

5. Verstreiche mit einem Löffel die Papiermasse aus dem Sieb auf einem Geschirrtuch.
6. Verteile die Samen auf dem Papier.
7. Walze mit dem Nudelholz das Papier glatt.

8. Lass die Masse gut trocknen.
9. Zeichne eine Form auf das Blütenpapier.
10. Schneide deine Form aus.
11. Du kannst sie auf eine Karte kleben und verschenken.
12. Vergiss nicht, die Pflanzanleitung abzuschreiben und deinem Geschenk beizulegen!

Lege das Blütenpapier in einen Topf mit Erde oder direkt auf den Gartenboden. Die Samen liegen oben. Bedecke das Papier etwa 1 cm hoch mit Erde. Gieße sorgfältig.

Erfrischungen im Sommer

◇ **1** Lest die Rezepte.

◇◇ **2** Probiert ein Rezept aus. Arbeitet dabei in Gruppen zusammen. Besprecht die Zubereitung und fertigt eine Rezeptkarte an. Welche Zutaten und Küchengeräte werden benötigt? Wie geht ihr vor?

◇◇◇ **3** Erfindet eigene Erfrischungen. Gestaltet dazu Rezeptkarten.

◗ sich über eine Anleitung austauschen und sie ausführen: Rezept

▶ Im und am Wasser: S. 123
▶ Im Jahreskreis: S. 139, 143, 145
▶ Förderheft: S. 10
▶ Forderkartei: Nr. 27, 28
▶ AH inklusiv: S. 20, 21

Sommerferien

1 Marie und Stefan telefonieren.
Lest die Texte in den Sprechblasen.

2 Welche Idee könnte Stefan haben? Sprecht darüber.

3 Lest den Text.

Einige Tage später bekommt Marie einen Brief von Stefan.
Er hat ihr ein Ferienbuch mit vielen lustigen Aufgaben
und kniffligen Rätseln für jeden Ferientag gebastelt.
Nun hat Marie jede Menge zu tun. Sie freut sich darauf.

4 Überlege mit einem Partner, welche Aufgaben noch
in dem Ferienbuch stehen könnten. Schreibt sie auf.

5 Tauscht euch in der Klasse über eure Ideen aus.

6 Gestaltet eigene Ferienbücher. Ihr könnt in einer Gruppe arbeiten.

- Vermutungen und Ideen austauschen
- kreativ mit einem Text umgehen

Herbst

◇ **1** Schaut euch die Bilder an. Beschreibt, was ihr seht.

◇ **2** Sammelt in einem Gedankenschwarm Wörter zum Herbst.

Tipp
Denkt auch an eure verschiedenen Sinne.

◇◇ **3** Lest das Rondell und bespricht den Aufbau.

Drachenflug
Es ist windig.
Ich lasse einen Drachen steigen.
Er fliegt hoch in die Luft.
Es ist windig.
Plötzlich fliegt er auf die Erde.
Der Wind reißt ihn wieder hoch.
Es ist windig.
Ich lasse einen Drachen steigen.

◇◇◇ **4** Schreibe mit den Wörtern von Aufgabe 2 ein Rondell.

◇ **5** Lest und besprecht eure Rondelle in einer Kleingruppe.

◇◇◇ **6** Schreibe dein Rondell auf ein Blatt und gestalte es.

- Textformen kennenlernen: Rondell
- ein Rondell schreiben und gestalten

Nebel

◇ **1** Wie entsteht Nebel? Betrachtet die Bilder.

◇◇◇ **2** Schreibe ein Beobachtungsprotokoll.

Beobachtungsprotokoll: So entsteht Nebel
Meine Vermutung:
Meine Beobachtung:
Meine Erklärung der Beobachtung:

◇ **3** Lest den Sachtext.

Nebel – Wolken am Boden

Im Herbst gibt es häufig Nebel. Das liegt daran, dass es am Tag meist warm und in den Nächten sehr kalt ist. Die Sonne lässt Wasser auf der Erdoberfläche verdunsten. Der warme Wasserdampf steigt in die Luft. In der Nacht kühlt die Luft stark ab. Sie sinkt zu Boden. Dadurch bilden sich kleine Wassertröpfchen in der Luft. Das ist der Nebel. Nebel ist also nichts anderes als eine Wolke, die sich am Boden und nicht am Himmel befindet.

Durch Nebel wird die Sicht stark beeinträchtigt. Im Straßenverkehr führt Nebel immer wieder zu Unfällen, weil die Autofahrer nicht weit genug sehen können. Deshalb muss man besonders gut aufpassen, wenn man über die Straße geht. Fußgänger und Radfahrer sollten helle Kleidung mit Reflektoren tragen.

◇◇ **4** Schreibe die Fragen in dein Heft. Beantworte sie in ganzen Sätzen.

- Wann gibt es viel Nebel?
- Wie kommt es, dass es vor allem im Herbst oft Nebel gibt?
- Warum passieren bei Nebel so viele Unfälle?
- Warum solltest du als Fußgänger im Herbst helle Kleidung tragen?

Glücksbringer zum Jahreswechsel

◇ **1** Kennt ihr die Bedeutung dieser Glücksbringer? Lest euch die Erklärungen durch und ordnet sie einem Glücksbringer zu.

A Ein verschmutzter und verstopfter Kamin galt früher als großes Unglück. Essen konnte nicht mehr zubereitet werden und die Wohnung wurde kalt. Der Schornsteinfeger befreite den Kamin von Schmutz, sodass Essen wieder gekocht und die Wohnung beheizt werden konnte.

B Fleisch wurde früher selten gegessen, da man es sich nicht leisten konnte. Man war reich, wenn man eigene Schweine hatte. Ein Ferkel wurde oft als Trostpreis verschenkt. Wenn man es gut fütterte, hatte man trotzdem Glück.

C Obwohl es die Münze mit dem niedrigsten Wert ist, soll sie für Reichtum sorgen. Das Geld soll dem Finder oder Beschenkten niemals ausgehen.

D Man darf nicht danach suchen. Es muss zufällig gefunden werden. Ein solches Kleeblatt schützt dann vor allen Gefahren.

E Ein Hufschmied soll angeblich den Huf des Teufels beschlagen haben. Dabei schlug er so heftig zu, dass der Teufel versprach, alle zu verschonen, die ein Hufeisen tragen. Heute befestigt man Hufeisen so, dass die Öffnung nach oben zeigt. Das Glück soll nicht herausfallen.

◇ **2** Welche Glücksbringer kennt ihr noch? Sprecht darüber.

◇◇◇ **3** Hast du einen eigenen Glücksbringer? Warum ist es dein Glücksbringer? Wann hat er dir schon einmal Glück gebracht? Schreibe einen kurzen Text. Du kannst auch dazu malen.

- Texte Bildern zuordnen
- sich über Erfahrungen austauschen

Schnee

◇ **1** Lest beide Akrostichons. Was fällt euch auf? Sprecht darüber.

Weiß	**W**eiß ist die Farbe des Winters.
Iglu	**I**nteressant ist der Schneefall.
Nordpol	**N**ichts ist zu hören.
Tanne	**T**iere kann man nicht mehr sehen.
Eisig	**E**s ist mucksmäuschenstill.
Rentier	**R**aschelt es dort hinten?

◇◇◇ **2** Schreibe selbst ein Akrostichon zum Thema **Winter**.

◇ **3** Schaut euch die Bilder der Bastelanleitung an.

◇ **4** Lest die Sätze.

- Falte den Kreis in der Mitte.
- Schneide nun an deiner Markierung entlang.
- Falte den Halbkreis in drei gleich große Drittel und streiche die Kanten glatt.
- Falte die Schneeflocke dann auseinander.

◇ **5** Bringe die Sätze in die richtige Reihenfolge. Vergleiche mit den Bildern von Aufgabe 3.

◇◇ **6** Zwei Sätze fehlen. Ergänze und schreibe die vollständige Anleitung in dein Heft.

- Textformen kennenlernen: Akrostichon
- eine Bastelanleitung ausführen

▸ Im und am Wasser: S. 123
▸ Im Jahreskreis: S. 139, 140, 143
▸ Forderkartei: Nr. 27, 28
▸ AH inklusiv: S. 20, 21

Mit dem Wörterverzeichnis arbeiten

1 Zusammengesetzte Substantive findest du nur wenige im Wörterverzeichnis. Meistens musst du die einzelnen Wortteile suchen. Schreibe sie mit der Seitenzahl auf.

Rundfahrt: rund Seite 157 – Fahrt Seite 150, ...

Rundfahrt	Hochhaus	Buntpapier	Klassenzimmer
Hängematte	Altpapier	Fahrrad	Baumhaus
Dickkopf	Faultier	Blauwal	

2 Wie werden diese Wörter geschrieben?
Schreibe deine Lösungen auf und vergleiche sie mit dem Wörterverzeichnis.
Berichtige, wenn du ein Wort falsch geschrieben hast.

wechseln – Seite 161, ...

chs oder x	ei oder ai	f oder v	v oder w
we_eln	H_	_oll	_eizen
wa_en	M_s	Ge_ahr	Kur_e
bo_en	w_ch	_loh	_ulkan

3 Wie werden diese Wörter getrennt? Überlegt zu zweit.
Schreibt eure Lösung auf und vergleicht sie mit dem Wörterverzeichnis.
Im Wörterverzeichnis zeigen euch kleine Striche, wo ihr die Wörter trennen könnt.
Berichtigt, wenn ihr ein Wort falsch getrennt habt:

Fehler – Feh-ler, ...

Fehler	Lehrerin	Apfel	Bücherei	bisschen
Echse	gestern	Donnerstag	windig	Thermometer

- Schreibhilfen nutzen
- Nachschlagekompetenz erwerben

▸ Sprache untersuchen: S. 85 ▸ AH inklusiv: S. 4, 5, 10, 11

Wörterverzeichnis

A a

ab
ab|bei|ßen
beißt ab, biss ab,
hat ab|ge|bis|sen
ab|bie|gen
biegt ab, bog ab,
ist ab|ge|bo|gen
ab|bre|chen
bricht ab, brach ab,
hat ab|ge|bro|chen
der **Abend**
aber
ab|ge|hen
geht ab, ging ab,
ist ab|ge|gan|gen
ab|schlie|ßen
schließt ab,
schloss ab,
hat ab|ge|schlos|sen
acht
der **Ad|vent**
der **Af|fe**
ähn|lich
al|le
al|lein
das **Al|pha|bet**
als
al|so
alt
äl|ter, am äl|tes|ten
die **Am|pel**
an|de|re
an|ders
der **An|fang**
die An|fän|ge
an|fan|gen
fängt an, fing an,
hat an|ge|fan|gen
an|fas|sen
fasst an
an|ge|ben
gibt an, gab an,
hat an|ge|ge|ben
die **Angst**
die Ängs|te
ängst|lich
an|schau|en
schaut an
an|spit|zen
spitzt an
an|stren|gend
die **Ant|wort**
ant|wor|ten
ant|wor|tet
an|zie|hen
zieht an, zog an,
hat an|ge|zo|gen
der **Ap|fel**
die Äp|fel
der **Ap|pe|tit**
der **Ap|ril**
das **Aqua|ri|um**
die Aqua|ri|en
die **Ar|beit**
ar|bei|ten
ar|bei|tet
der **Är|ger**
sich **är|gern**
är|gert sich
arm
är|mer,
am ärms|ten
der **Arm**
der **Arzt**
die Ärz|te
die **Ärz|tin**
die Ärz|tin|nen
der **Ast**
die Äs|te
auch
auf
auf ein|mal
auf|fan|gen
fängt auf, fing auf,
hat auf|ge|fan|gen
die **Auf|ga|be**
die Auf|ga|ben
auf|hö|ren
hört auf
auf|pas|sen
passt auf
auf|räu|men
räumt auf
auf|re|gen, sich
regt sich auf
die **Auf|re|gung**
auf|ste|hen
steht auf, stand auf,
ist auf|ge|stan|den
der **Au|gust**
aus
die **Aus|beu|tung**
aus|la|chen
lacht aus
aus|ru|hen
ruht aus
au|ßer
au|ßer|dem
aus|su|chen
sucht aus
der **Aus|weis**

B b

das **Ba|by**
die Ba|bys
der **Bach**
die Bä|che
ba|cken
bäckt, *auch:* backt
back|te,
hat ge|ba|cken
das **Bad**
die Bä|der
ba|den
ba|det
der **Bag|ger**
die Bag|ger
die **Bahn**
bald
der **Bal|ken**
die Bal|ken
der **Ball**
die Bäl|le
das **Band**
die Bän|der
die **Bank**
die Bän|ke
der **Bär**
bas|teln
bas|telt
bau|en
baut
der **Baum**
die Bäu|me
der **Be|cher**
die Be|cher
das **Be|dürf|nis**
die Be|dürf|nis|se
be|ein|flus|sen
be|ein|flusst
die **Bee|re**
das **Beet**
der **Be|ginn**
be|gin|nen
be|ginnt, be|gann,
hat be|gon|nen

bei|de
das **Bein**
das **Bei|spiel**
bei|ßen
beißt, biss,
hat ge|bis|sen
be|kom|men
be|kommt, be|kam,
hat be|kom|men
bel|len
bellt
be|nut|zen
be|nutzt
be|ob|ach|ten
be|ob|ach|tet
be|pa|cken
be|packt
der **Berg**
der **Be|ruf**
be|schüt|zen
be|schützt
be|sich|ti|gen
be|sich|tigt
be|son|ders
be|sor|gen
be|sorgt
be|spre|chen
be|spricht, be|sprach,
hat be|spro|chen
die **Be|spre|chung**
bes|ser
be|stimmt
der **Be|such**
be|su|chen
be|sucht
das **Bett**
bet|teln
bet|telt
be|wa|chen
be|wacht
der **Be|weis**
be|wei|sen
be|weist, be|wies,
hat be|wie|sen
be|wölkt
die **Be|wöl|kung**
be|zah|len
be|zahlt
bie|gen
biegt, bog,
hat ge|bo|gen
die **Bie|ne**
bie|ten
bie|tet, bot,
hat ge|bo|ten
das **Bild**

bil|lig
bin
ich bin, ich war,
ich bin ge|we|sen
die **Bir|ne**
bis
ein **biss|chen**
der **Bis|sen**
die Bis|sen
bis|sig
bit|ten
bit|tet, bat,
hat ge|be|ten
bit|ter
blank
bla|sen
bläst, blies,
hat ge|bla|sen
blass
das **Blatt**
die Blät|ter
blät|tern
blät|tert
blau
das **Blech**
die Ble|che
die **Blech|büch|se**
die Blech|büch|sen
blei|ben
bleibt, blieb,
ist ge|blie|ben
blind
blin|ken
blinkt
der **Blitz**
die Blit|ze
blit|zen
blitzt
blond
bloß
blü|hen
blüht
das **Blüm|chen**
die Blüm|chen
das **Blut**
die **Blü|te**
blu|tig
bo|ckig
die **Boh|ne**
der **Boh|rer**
die Boh|rer
das, der **Bon|bon**
das **Boot**
bö|se
der **Bo|te**
die Bo|ten

bo|xen
boxt
brau|chen
braucht
braun
brau|sen
braust
die **Braut**
die Bräu|te
der **Bräu|ti|gam**
die Bräu|ti|ga|me
bre|chen
bricht, brach,
ist ge|bro|chen
breit
die **Brem|se**
brem|sen
bremst
bren|nen
brennt, brannt|e,
hat ge|brannt
der **Brief**
die Brie|fe
die **Bril|le**
die Bril|len
brin|gen
bringt, brach|te,
hat ge|bracht
die **Brü|cke**
die Brü|cken
der **Bru|der**
die Brü|der
der **Brüll|af|fe**
brül|len
brüllt
brum|men
brummt
brum|mig
der **Brun|nen**
die Brun|nen
das **Buch**
die Bü|cher
die **Bü|che|rei**
die Bü|che|rei|en
die **Buch|sei|te**
sich **bü|cken**
bückt sich
das **Bü|gel|ei|sen**
die Bü|gel|ei|sen
die **Büh|ne**
bunt
die **Burg**
die Bur|gen
der **Bus**
die Bus|se
die **But|ter**

C c

chat|ten
chat|tet
der **Chor**
die Chö|re
der **Clown**
der **Co|mic**
der **Com|pu|ter**
die Com|pu|ter
der **Cou|sin**
die Cou|sins
die **Cou|si|ne**
die Cou|si|nen

D d

da
da|bei
das **Dach**
die Dä|cher
der **Dachs**
der **Da|ckel**
die Da|ckel
da|für
da|ge|gen
da|mals
die **Da|me**
da|mit
däm|lich
da|nach
dank|bar
dan|ken
dankt
dann
da|rauf, *auch:* dar|auf
da|rü|ber, *auch:* dar|ü|ber
da|rum, *auch:* dar|um
der **Dau|men**
die Dau|men
da|von
da|vor
da|zu
die **De|cke**
dein, dei|ne
der **Del|fin**
den|ken
denkt, dach|te,
hat ge|dacht
denn
des|halb
deut|lich
deutsch
Deutsch|land
der **De|zem|ber**
dich
dicht
dick
dick|köp|fig
der **Dieb**
die Die|be
der **Diens|tag**
das **Ding**
die Din|ge
dir
der **Don|ners|tag**
dop|pelt
das **Dorf**
die Dör|fer
dort
dö|sen
döst
der **Down|load**
die Down|loads
der **Draht**
die Dräh|te
drän|geln
drän|gelt
drau|ßen
der **Dreck**
dre|ckig
dre|hen
dreht
die **Dre|hung**
die Dre|hun|gen
drei
das **Drei|eck**
drei|ßig
drin|nen
dro|hen
droht
dru|cken
druckt
drü|cken
drückt
dumm
düm|mer,
am dümms|ten
dün|gen
düngt
dun|kel
dunk|ler,
am dun|kels|ten
dünn
durch
der **Durch|mes|ser**
die Durch|mes|ser
dür|fen
darf, durf|te,
hat ge|durft
der **Durst**
durs|tig

E e

die **Eb|be**
die **Ech|se**
echt
die **Ecke**
eckig
egal
die **Ehe**
die Ehen
ehr|lich
die **Ei|dech|se**
der **Ei|er|be|cher**
die Ei|er|be|cher
ei|gen
die **Ei|gen|schaft**
ei|gent|lich
die **Ei|le**
ei|lig
ein, ei|ne
ein|fach
ei|ni|ge
sich **ei|ni|gen**
ei|nigt sich
ein|kau|fen
kauft ein
ein|la|den
lädt ein, lud ein,
hat ein|ge|la|den
ein|mal
ein|mi|schen
mischt ein
ein|pa|cken
packt ein
eins
ein|sam
ein|wi|ckeln
wi|ckelt ein
das **Ei|sen**
die Ei|sen
ei|sig
ek|lig
die **El|tern**
die **E-Mail**
die E-Mails
emp|fin|den
emp|fin|det,
emp|fand,
hat emp|fun|den
die **Emp|fin|dung**
das **En|de**
zu En|de
end|lich
eng
ent|de|cken
ent|deckt

die **Ent|de|ckung**
die **Ent|fer|nung**
die **Ent|schei|dung**
ent|schul|di|gen
ent|schul|digt sich
die **Ent|schul|di|gung**
ent|täu|schen
ent|täuscht
ent|wer|fen
ent|wirft, ent|warf,
hat ent|wor|fen
die **Ent|wick|lung**
die **Er|de**
sich **er|eig|nen**
es er|eig|net sich
das **Er|eig|nis**
die Er|eig|nis|se
er|fin|den
er|fin|det, er|fand,
hat er|fun|den
er|fin|de|risch
die **Er|fin|dung**
die Er|fin|dun|gen
er|gän|zen
er|gänzt
die **Er|gän|zung**
die Er|gän|zun|gen
er|ge|ben
er|gibt, er|gab,
hat er|ge|ben
das **Er|geb|nis**
die Er|geb|nis|se
sich **er|käl|ten**
er|käl|tet sich
die **Er|käl|tung**
er|ken|nen
er|kennt, er|kann|te
hat er|kannt
er|klä|ren
er|klärt
die **Er|klä|rung**
die Er|klä|run|gen
er|lau|ben
er|laubt
die **Er|laub|nis**
die Er|laub|nis|se
das **Er|leb|nis**
die Er|leb|nis|se
die **Er|näh|rung**
ernst
die **Ern|te**
die Ern|ten
er|schre|cken
er|schreckt
er|wär|men
er|wärmt
die **Er|wär|mung**
er|war|ten
er|war|tet
die **Er|war|tung**
er|zäh|len
er|zählt
die **Er|zäh|lung**
es
es|sen
isst, aß,
hat ge|ges|sen
das **Es|sen**
der **Ess|löf|fel**
die Ess|löf|fel
der **Ess|tisch**
das **Ess|zim|mer**
die Ess|zim|mer
et|was
euch
Eu|ro|pa
das **Ex|pe|ri|ment**

F f

die **Fa|bel**
fah|ren
fährt, fuhr,
ist ge|fah|ren
das **Fahr|rad**
die Fahr|rä|der
das **Fahr|rad|schloss**
die
Fahr|rad|schlös|ser
der **Fahr|schü|ler**
die Fahr|schü|ler
die **Fahrt**
fair
fal|len
fällt, fiel, ist ge|fal|len
falsch
die **Fa|mi|lie**
die Fa|mi|li|en
der **Fan**
die Fans
fan|gen
fängt, fing,
hat ge|fan|gen
die **Far|be**
fär|ben
färbt
far|big
farb|los
das **Fass**
die Fäs|ser
fas|sen
fasst
faul
die **Faul|heit**
der **Fe|bru|ar**
auch: der Feb|ru|ar
die **Fee**
feh|len
fehlt
der **Feh|ler**
die Feh|ler
fei|ern
fei|ert
fei|ge
die **Feig|heit**
der **Feig|ling**
der **Feind**
feind|lich
die **Feind|schaft**
das **Feld**
das **Fell**
die **Fe|ri|en**
fern|se|hen
sieht fern, sah fern,
hat fern|ge|se|hen
der **Fern|se|her**
die Fern|se|her
fer|tig
fes|seln
fes|selt
fest
das **Fest**
fest|lich
das **Fett**
fet|tig
die **Feuch|tig|keit**
das **Feu|er**
das **Fie|ber**
fin|den
fin|det, fand,
hat ge|fun|den
der **Fin|ger**
die Fin|ger
die **Flag|ge**
der **Fleiß**
flei|ßig
flie|gen
fliegt, flog,
ist ge|flo|gen
flie|hen
flieht, floh,
ist ge|flo|hen
flie|ßen
fließt, floss,
ist ge|flos|sen
flie|ßend
flit|zen
flitzt

die **Flo|cke**
der **Floh**
die Flö|he
das **Floß**
die Flö|ße
die **Flos|se**
die **Flucht**
der **Flug**
die Flü|ge
der **Flü|gel**
die Flü|gel
das **Flug|zeug**
der **Flur**
der **Fluss**
die Flüs|se
das **Flüss|chen**
die Flüss|chen
flüs|sig
die **Flüs|sig|keit**
flüs|tern
flüs|tert
die **For|schung**
fort
das **Fo|to**
die Fo|tos
die **Fra|ge**
fra|gen
fragt
die **Frau**
frech
die **Frech|heit**
frei
die **Frei|heit**
der **Frei|tag**
fremd
fres|sen
frisst, fraß,
hat ge|fres|sen
die **Freu|de**
freu|dig
sich **freu|en**
freut sich
der **Freund**
die **Freun|din**
freund|lich
die **Freund|schaft**
der **Frie|den**
fried|lich
frie|ren
friert, fror,
hat ge|fro|ren
froh
fröh|lich
die **Fröh|lich|keit**
der **Frosch|laich**
fros|tig
früh
frü|her
der **Früh|ling**
das **Früh|stück**
früh|stü|cken
früh|stückt
der **Fuchs**
die Füch|se
füh|len
fühlt
der **Füh|ler**
die Füh|ler
füh|ren
führt
der **Fül|ler**
die Fül|ler
fünf
fun|keln
fun|kelt
für
der **Fuß**
die Fü|ße
der **Fuß|ball**
die Fuß|bäl|le
das **Fut|ter**
füt|tern
füt|tert

G g

die **Ga|bel**
die Ga|beln
ganz
der **Gar|ten**
die Gär|ten
der **Gast**
die Gäs|te
das **Ge|bäu|de**
die Ge|bäu|de
ge|ben
gibt, gab,
hat ge|ge|ben
das **Ge|biss**
die Ge|bis|se
der **Ge|burts|tag**
der **Ge|dan|ke**
die Ge|dan|ken
das **Ge|drän|gel**
die **Ge|fahr**
die Ge|fah|ren
ge|fähr|lich
ge|fal|len
ge|fällt, ge|fiel,
hat ge|fal|len
das **Ge|fäng|nis**
die Ge|fäng|nis|se
das **Ge|fäß**
das **Ge|fühl**
die Ge|füh|le
ge|gen|sei|tig
ge|gen|über
ge|heim
das **Ge|heim|nis**
die Ge|heim|nis|se
ge|hen
geht, ging,
ist ge|gan|gen
ge|hö|ren
ge|hört
der **Geist**
die Geis|ter
der **Geiz**
gei|zig
die **Ge|las|sen|heit**
gelb
das **Geld**
ge|mein
die **Ge|mein|de**
die **Ge|mein|heit**
ge|mein|sam
die **Ge|mein|schaft**
ge|müt|lich
die **Ge|müt|lich|keit**
ge|nie|ßen
ge|nießt, ge|noss,
hat ge|nos|sen
ge|nug
der **Ge|päck|trä|ger**
die Ge|päck|trä|ger
ge|ra|de
das **Ge|räusch**
ge|räusch|los
gern
der **Ge|ruch**
ge|ruch|los
das **Ge|schäft**
ge|sche|hen
ge|schieht, ge|schah,
ist ge|sche|hen
das **Ge|scheh|nis**
das **Ge|schenk**
ge|schickt
der **Ge|schmack**
ge|schmack|los
die **Ge|schwis|ter**
das **Ge|setz**
die Ge|set|ze
das **Ge|sicht**
ge|spens|tisch
ges|tern
ge|sund
die **Ge|sund|heit**

A B C D E F G H I J K L M N O P Qu R S T U V W X Y Z

das **Ge|tränk**
die Ge|trän|ke
ge|trock|net
das **Ge|wächs|haus**
ge|win|nen
ge|winnt, ge|wann,
hat ge|won|nen
das **Ge|wit|ter**
die Ge|wit|ter
gie|rig
gie|ßen
gießt, goss,
hat ge|gos|sen
das **Gift**
gif|tig
gi|gan|tisch
der **Glanz**
das **Glas**
die Glä|ser
glatt
die **Glat|ze**
glau|ben
glaubt
gleich
das **Gleis**
die Glei|se
die **Glo|cke**
glot|zen
glotzt
das **Glück**
glück|lich
glü|hen
glüht
gra|ben
gräbt, grub,
hat ge|gra|ben
das **Gras**
die Grä|ser
gra|sen
grast
gra|tu|lie|ren
gra|tu|liert
grau
die **Gren|ze**
grin|sen
grinst
groß
grö|ßer,
am größ|ten
grün
grun|zen
grunzt
die **Grup|pe**
gru|se|lig
der **Gruß**
die Grü|ße
grü|ßen
grüßt
gu|cken
guckt
das, der **Gum|mi**
die **Gur|ke**
gut
bes|ser, am bes|ten

H h

das **Haar**
ha|ben
hat, hat|te,
hat ge|habt
der **Ha|fen**
die Hä|fen
der **Ha|gel**
der **Hahn**
die Häh|ne
der **Hai**
halb
die **Hal|le**
der **Hals**
die Häl|se
hal|ten
hält, hielt,
hat ge|hal|ten
der **Ham|mer**
die Häm|mer
die **Hand**
die Hän|de
der **Händ|ler**
die **Händ|ler**
das **Han|dy**
die Han|dys
hän|gen
hängt, hing,
hat ge|han|gen
hart
här|ter,
am här|tes|ten
der **Hau|fen**
die Hau|fen
häu|fig
das **Haus**
die Häu|ser
die **Haut**
die Häu|te
he|ben
hebt, hob,
hat ge|ho|ben
die **He|cke**
das **Heft**
die Hef|te
das **Heim|weh**
heiß
hei|ßen
heißt, hieß,
hat ge|hei|ßen
hei|zen
heizt
die **Hei|zung**
hel|fen
hilft, half,
hat ge|hol|fen
hell
der **Helm**
das **Hemd**
die **Hen|ne**
her
he|rab, *auch:* her|ab
he|rauf, *auch:* her|auf
he|raus, *auch:* her|aus
der **Herbst**
der **Herd**
he|rein, *auch:* her|ein
herr|lich
herr|schen
herrscht
her|stel|len
stellt her
die **Her|stel|lung**
he|rum, *auch:* her|um
he|run|ter,
auch: her|un|ter
her|vor
das **Herz**
die Her|zen
herz|lich
heu|te
hier
die **Hil|fe**
der **Him|mel**
hin
hi|nab, *auch:* hin|ab
hi|nauf, *auch:* hin|auf
hin|dern
hin|dert
das **Hin|der|nis**
die Hin|der|nis|se
hin|fal|len
fällt hin, fiel hin,
ist hin|ge|fal|len
hin|ken
hinkt
hin|ter
hin|ter|her
der **Hin|ter|leib**
das **Hin|ter|rad**
die Hin|ter|rä|der
die **Hin|ter|rad|brem|se**

hi|nun|ter
auch: hin|un|ter
die Hit|ze
hit|zig
ho|beln
ho|belt
hoch
hö|her,
am höchs|ten
das Hoch|haus
hof|fen
hofft
hof|fent|lich
die Hoff|nung
höf|lich
die Höf|lich|keit
die Hö|he
die Hö|hen
hohl
die Höh|le
die Höh|len
ho|len
holt
das Holz
die Höl|zer
die Home|page
die Home|pa|ges
hop|peln
hop|pelt
hö|ren
hört
die Ho|se
die Ho|sen
das Huhn
die Hüh|ner
die Hum|mel
der Hund
die Hün|din
die Hün|din|nen
der Hun|ger
hung|rig
hüp|fen
hüpft

I i

die Idee
die Ide|en
ihm
ihn, ih|nen
ihr, ih|rem, ih|ren
im
im|mer
imp|fen
impft
die Imp|fung
die In|for|ma|ti|on
in|for|mie|ren
in|for|miert
das In|sekt
in|ter|es|sant
auch: in|te|res|sant
in|ter|na|ti|o|nal
das In|ter|net
das In|ter|view
die In|ter|views
ir|gend|ei|ner
ir|gend|et|was
ir|gend|wie
ir|gend|wo
ir|ren
irrt

J j

die Ja|cke
das Jahr
die Jah|re
jam|mern
jam|mert
der Ja|nu|ar
die Jeans
je|de
je|den|falls
je|der
je|mand
jetzt
das, der Jo|ghurt
ju|cken
juckt
der Ju|li
jung
jün|ger, am jüngs|ten
der Jun|ge
der Ju|ni

K k

der Kä|fer
die Kä|fer
der Kaf|fee
kahl
der Kahn
der Kai|ser
die Kai|ser
der Kai|ser|pin|gu|in
der Ka|kao
der Ka|len|der
die Ka|len|der
kalt
käl|ter, am käl|tes|ten
die Käl|te
die Ka|me|ra
der Kamm
die Käm|me
käm|men
kämmt
der Kampf
die Kämp|fe
kämp|fen
kämpft
ka|putt
der Kä|se
die Kas|se
die Kat|ze
kau|fen
kauft
käuf|lich
kaum
kein, kei|ne
das, der Keks
ken|nen
kennt, kann|te,
hat ge|kannt
der Kern
die Ker|ze
der Kes|sel
die Kes|sel
das, der Ket|chup
auch: das, der Ket|schup
die Ket|te
die Ket|ten
ki|chern
ki|chert
das Kind
die Kin|der
das Kin|der|recht
kind|lich
die Kir|che
kirch|lich
kit|zeln
kit|zelt
die Klad|de
die Klad|den
die Klam|mer
klap|pern
klap|pert
klar
die Klas|se
die Klas|sen
kle|ben
klebt
kle|ckern
kle|ckert
der Klee
das Kleid
die Klei|dung
klein

A B C D E F G H I J K L M N O P Qu R S T U V W X Y Z

der **Klein|wa|gen**
die Klein|wa|gen
klet|tern
klet|tert
die **Klin|gel**
klin|geln
klin|gelt
klin|gen
klingt, klang,
hat ge|klun|gen
der **Kloß**
die Klö|ße
klug
klü|ger, am klügs|ten
die **Klug|heit**
knab|bern
knab|bert
kna|cken
knackt
knal|len
knallt
knei|fen
kneift, kniff,
hat ge|knif|fen
das **Knie**
die Knie
der **Knopf**
die Knöp|fe
ko|chen
kocht
ko|misch
kom|men
kommt, kam,
ist ge|kom|men
der **Kom|pass**
die Kom|pas|se
kön|nen
kann, konn|te,
hat ge|konnt
der **Kopf**
die Köp|fe
kos|ten
kos|tet
das **Kos|tüm**
krab|beln
krab|belt
der **Krach**
kräch|zen
krächzt
die **Kraft**
die Kräf|te
kräf|tig
die **Krä|he**
die Krä|hen
krä|hen
kräht

die **Kral|le**
der **Kran**
die Krä|ne
krank
krän|ker,
am kränks|ten
die **Krank|heit**
der **Kranz**
die Krän|ze
krat|zen
kratzt
der **Kreis**
die Krei|se
das **Kreuz**
die **Kreu|zung**
der **Krieg**
die Krie|ge
krie|gen
kriegt
krumm
die **Kuh**
die Kü|he
kühl
der **Kühl|schrank**
die **Kunst**
die Küns|te
künst|lich
der **Kür|bis**
die **Kur|ve**
kurz
kür|zer,
am kür|zes|ten
der **Kuss**
die Küs|se
küs|sen
küsst
die **Küs|te**

L l

lä|cheln
lä|chelt
la|chen
lacht
der **Lachs**
der **Laich**
das **Land**
die Län|der
lang
län|ger, am längs|ten
die **Lan|ge|wei|le**
lang|sam
lang|wei|lig
die **Lan|ze**
der **Lap|pen**
die Lap|pen

das, der **Lap|top**
der **Lärm**
die **Lar|ve**
las|sen
lässt, ließ,
hat ge|las|sen
läs|sig
das **Laub**
lau|fen
läuft, lief,
ist ge|lau|fen
die **Laus**
die Läu|se
laut
le|ben
lebt
das **Le|ben**
der **Le|bens|raum**
die Le|bens|räu|me
le|cken
leckt
le|cker
leer
le|gen
legt
der **Leh|rer**
die Leh|rer
die **Leh|re|rin**
die Leh|re|rin|nen
leicht
lei|der
lei|se
der **Len|ker**
die Len|ker
ler|nen
lernt
le|sen
liest, las,
hat ge|le|sen
letz|te, letz|ter
leuch|ten
leuch|tet
die **Leu|te**
das **Le|xi|kon**
die Le|xi|ka
das **Licht**
das **Lid** (Augendeckel)
die Li|der
lieb
die **Lie|be**
lie|ben
liebt
das **Lied**
lie|gen
liegt, lag,
hat ge|le|gen

das **Li|ne|al**
die Li|ne|a|le
die **Li|nie**
links
die **Lip|pe**
das, der **Li|ter**
die Li|ter
lo|ben
lobt
die **Lo|cke**
lo|ckig
der **Löf|fel**
die Löf|fel
los
das **Los**
lö|sen
löst
los|las|sen
lässt los, ließ los,
hat los|ge|las|sen
die **Lö|sung**
der **Lö|we**
der **Luchs**
die **Lü|cke**
die **Luft**
die Lüf|te
lü|gen
lügt, log,
hat ge|lo|gen
die **Lust**
lus|tig

M m

ma|chen
macht
mäch|tig
das **Mäd|chen**
die Mäd|chen
der **Ma|g|net**
die Ma|g|ne|ten
auch: die Ma|g|ne|te
ma|g|ne|tisch
mah|len
mahlt
die **Mahl|zeit**
die **Mäh|ne**
der **Mai**
mai|len
mailt
der **Mais**
ma|len
malt
man
man|che
manch|mal
der **Mann**
die Män|ner
das **Männ|chen**
die Männ|chen
der **Man|tel**
die Män|tel
das **Mär|chen**
die Mär|chen
der **März**
die **Ma|schi|ne**
der **Matsch**
mat|schig
matt
die **Mat|te**
der **Maul|wurf**
die Maul|wür|fe
die **Maus**
die Mäu|se
me|ckern
me|ckert
das **Meer**
das **Mehl**
mehr
mein, mei|ne
meis|tens
der **Meis|ter**
die Meis|ter
mel|ken
melkt
die **Men|ge**
der **Mensch**
mensch|lich
mer|ken
merkt
mes|sen
misst, maß,
hat ge|mes|sen
das **Mes|ser**
die Mes|ser
der **Me|ter**
die **Me|ter**
mich
die **Mie|te**
die **Milch**
mil|chig
das, die **Mind|map**
die Mind|maps
mir
mit
mit|ein|an|der
auch: mit|ei|nan|der
mit|ma|chen
macht mit
mit|neh|men
nimmt mit, nahm mit,
hat mit|ge|nom|men
der **Mit|tag**
die **Mit|te**
der **Mitt|woch**
mo|dern
mö|gen
mag, moch|te,
hat ge|mocht
mög|lich
der **Mo|nat**
der **Mond**
der **Mon|tag**
mor|gen
der **Mor|gen**
die **Mü|cke**
mü|de
die **Mü|he**
mu|hen
muht
der **Müll**
der **Mund**
die Mün|der
münd|lich
das **Mu|si|cal**
die Mu|si|cals
müs|sen
muss, muss|te,
hat ge|musst
der **Mut**
mu|tig
die **Mut|ter**
die Müt|ter
die **Müt|ze**

N n

nach
der **Nach|bar**
die Nach|barn
nach|den|ken
denkt nach,
dach|te nach,
hat nach|ge|dacht
der **Nach|mit|tag**
die **Nacht**
die Näch|te
der **Nach|teil**
der **Na|gel**
die Nä|gel
nah
nä|her, am nächs|ten
die **Nä|he**
nä|hen
näht
die **Nah|rung**
der **Na|me**
die Na|men

näm|lich
nass
nas|ser,
am nas|ses|ten
auch: näs|ser,
am näs|ses|ten
die **Na|tur**
na|tür|lich
die **Na|tür|lich|keit**
der **Ne|bel**
die Ne|bel
neb|lig
neh|men
nimmt, nahm,
hat ge|nom|men
der **Neid**
nei|disch
ner|vös
nett
das **Netz**
neu
die **Neu|gier**
neu|gie|rig
neun
nicht
nichts
ni|cken
nickt
nie
nie|mals
nie|mand
nie|sen
niest
noch
noch ein|mal
der **Nor|den**
der **Not|fall**
der Not|fäl|le
der **No|vem|ber**
die **Num|mer**
die Num|mern
nun
nur
die **Nuss**
die Nüs|se
nut|zen
nutzt
nüt|zen
nützt
nütz|lich

O o

ob
oben
das **Obst**
ob|wohl
der **Och|se**
oder
of|fen
oft
öf|ter,
am häu|figs|ten
oh|ne
das **Ohr**
der **Ok|to|ber**
die **Oma**
die Omas
der **On|kel**
die On|kel
der **Opa**
die Opas
die **Oran|ge**
or|dent|lich
die **Ord|nung**
der **Os|ten**
Os|tern
der **Oze|an**

P p

paar
ein paar Blumen
das **Paar**
ein Paar Schuhe
pa|cken
packt
das **Pad|del**
die Pad|del
die **Pap|pe**
die Pap|pen
das **Pa|pier**
der **Park**
pas|sen
passt
das **Pass|wort**
das **Pe|dal**
pet|zen
petzt
die **Pfan|ne**
der **Pfau**
die **Pfei|fe**
pfei|fen
pfeift, pfiff,
hat ge|pfif|fen
das **Pferd**
die **Pflan|ze**
pflan|zen
pflanzt
das **Pflas|ter**
die Pflas|ter
pfle|gen
pflegt
die **Pflicht**
pflü|cken
pflückt
die **Pfo|te**
die **Pfüt|ze**
der **Pilz**
die Pil|ze
der **Plan**
die Plä|ne
der **Pla|net**
der **Platz**
die Plät|ze
plat|zen
platzt
plötz|lich
das **Po|ny**
die Po|nys
präch|tig
der **Preis**
die **Pre|mi|e|re**
die Pre|mi|e|ren
pro|bie|ren
pro|biert
das **Pro|dukt**
das **Pro|gramm**
die Pro|gram|me
prü|fen
prüft
der **Pud|ding**
der **Pul|lo|ver**
auch: **Pull|o|ver**
der **Punkt**
pünkt|lich
die **Pup|pe**
put|zen
putzt

Qu qu

das **Qua|drat**
auch: das Quad|rat
die Qua|dra|te
auch: die Quad|ra|te
qua|d|ra|tisch
die **Qual|le**
der **Quark**
quas|seln
quas|selt
der **Quatsch**
die **Quel|le**
quer
das **Quiz**

R r

ra|deln
ra|delt
das **Rad**
die Rä|der
Rad fah|ren
fährt Rad, fuhr Rad,
ist Rad ge|fah|ren
das **Ra|dies|chen**
die Ra|dies|chen
das **Ra|di|o**
die Ra|di|os
der **Rad|weg**
der **Rahm**
der **Rah|men**
die Rah|men
der **Rand**
die Rän|der
ra|sen
rast
ra|ten
rät, riet, hat ge|ra|ten
das **Rät|sel**
die Rät|sel
rau|ben
raubt
der **Raum**
die Räu|me
räu|men
räumt
raus
rau|schen
rauscht
re|cher|chie|ren
re|cher|chiert
rech|nen
rech|net
das **Recht**
das **Recht|eck**
rechts
re|den
re|det
der **Re|flek|tor**
der **Re|gen**
der **Re|gen|guss**
die Re|gen|güs|se
reg|nen
reg|net
reg|ne|risch
das **Reh**
die Re|he
reich
reif
der **Rei|fen**
die Rei|fen
die **Rei|he**
rein
rei|sen
reist
rei|ßen
reißt, riss,
hat ge|ris|sen
rei|ßend
der **Reiß|ver|schluss**
die Reiß|ver|schlüs|se
rei|ten
rei|tet, ritt,
ist ge|rit|ten
rei|zen
reizt
die **Re|li|gi|on**
ren|nen
rennt, rann|te,
ist ge|rannt
re|pa|rie|ren
re|pa|riert
die **Re|qui|si|te**
ret|ten
ret|tet
rich|tig
rie|chen
riecht, roch,
hat ge|ro|chen
der **Rie|se**
rie|sig
das **Rind**
der **Ring**
der **Riss**
die Ris|se
rissig
der **Rock**
die Rö|cke
roh
das **Rohr**
rol|len
rollt
rot
röt|lich
rü|cken
rückt
der **Rü|cken**
ru|fen
ruft, rief, hat ge|ru|fen
die **Ru|he**
ru|hig
rüh|ren
rührt
rund
run|ter
rut|schen
rutscht

S s

die **Sa|che**
der **Sack**
die Sä|cke
sä|en
sät
sa|gen
sagt
sä|gen
sägt
die **Sai|te**
das **Salz**
sam|meln
sam|melt
der **Sams|tag**
der **Sand**
satt
sau|ber
sau|sen
saust
scha|de
schäd|lich
schaf|fen
schafft
der **Schal**
die Schals
schä|len
schält
der **Schall**
schal|ten
schal|tet
schä|men
schämt
scharf
schär|fer,
am schärfs|ten
die **Schär|fe**
der **Schatz**
die Schät|ze
schen|ken
schenkt
schi|cken
schickt
schie|ben
schiebt, schob,
hat ge|scho|ben
das **Schiff**
die Schif|fe
schimp|fen
schimpft
schla|fen
schläft, schlief,
hat ge|schla|fen
der **Schlauch**
die Schläu|che

A B C D E F G H I J K L M N O P Qu R S T U V W X Y Z

schlecht
schlie|ßen
schließt, schloss,
hat ge|schlos|sen
schließ|lich
schlimm
das **Schloss**
die Schlös|ser
der **Schluss**
der **Schlüs|sel**
die Schlüs|sel
schme|cken
schmeckt
schmut|zig
der **Schna|bel**
die Schnä|bel
die **Schnau|ze**
die **Schne|cke**
der **Schnee**
schnei|den
schnei|det, schnitt,
hat ge|schnit|ten
schnell
der, das **Schnip|sel**
die Schnip|sel
die **Scho|ko|la|de**
schon
schön
die **Schön|heit**
der **Schoß**
die Schö|ße
schräg
der **Schrank**
die Schrän|ke
der **Schreck**
schreck|lich
schrei|ben
schreibt, schrieb,
hat ge|schrie|ben
der **Schreib|feh|ler**
die Schreib|feh|ler
der **Schreib|tisch**
schrei|en
schreit, schrie,
hat ge|schrien
der **Schuh**
die Schu|he
schul|dig
die **Schu|le**
der **Schü|ler**
die Schü|ler
die **Schü|ler|in**
die Schü|ler|in|nen
der **Schul|weg**
der **Schutz**

schüt|zen
schützt
schwach
schwä|cher,
am schwächs|ten
der **Schwan**
die Schwä|ne
der **Schwanz**
die Schwän|ze
schwarz
schwer
schwie|rig
die **Schwie|rig|keit**
das **Schwimm|bad**
schwim|men
schwimmt,
schwamm,
ist ge|schwom|men
schwit|zen
schwitzt
schwül
sechs
der **See**
se|hen
sieht, sah,
hat ge|se|hen
sein
ist, war, ist ge|we|sen
seit
die **Sei|te**
die Sei|ten
sehr
die **Se|kun|de**
sel|ber, selbst
sel|ten
der **Sep|tem|ber**
seuf|zen
seufzt
die **Shorts**
si|cher
die **Si|cher|heit**
sie
das **Sieb**
sie|ben
sin|gen
singt, sang,
hat ge|sun|gen
der **Sing|vo|gel**
sin|ken
sinkt, sank,
ist ge|sun|ken
die **Si|tu|a|ti|on**
die Si|tu|a|tio|nen
sit|zen
sitzt, saß,
hat ge|ses|sen

die **Skiz|ze**
die Skiz|zen
das **Söck|chen**
die Söck|chen
die **So|cke**
so|gar
der **Sohn**
die Söh|ne
sol|che
sol|len
soll
der **Som|mer**
die **Son|ne**
sich **son|nen**
sonnt sich
son|nig
der **Sonn|tag**
sonst
die **So|ße**
die **Spa|ghet|ti**
span|nend
der **Spaß**
die Spä|ße
spät
spa|zie|ren
spa|ziert
der **Specht**
spei|sen
speist
der **Spie|gel**
die Spie|gel
spie|len
spielt
spin|nen
spinnt, spann,
hat ge|spon|nen
spitz
die **Spit|ze**
spit|zen
spitzt
der **Sport**
sport|lich
die **Spra|che**
die Spra|chen
spre|chen
spricht, sprach,
hat ge|spro|chen
der **Spre|cher**
die **Spre|che|rin**
sprin|gen
springt, sprang,
ist ge|sprun|gen
die **Sprit|ze**
die Sprit|zen
sprit|zen
spritzt

sprit|zig
sprü|hen
sprüht
der **Sprung**
die Sprün|ge
stabil
sta|bi|ler,
am sta|bils|ten
der **Sta|chel**
die **Stadt**
die Städ|te
der **Stamm**
die Stäm|me
stark
stär|ker,
am stärks|ten
der **Start**
ste|hen
steht, stand,
hat ge|stan|den
stei|nig
die **Stel|le**
die Stel|len
stel|len
stellt
das **Steu|er**
die Steu|er
der **Stie|fel**
die Stie|fel
der **Stift**
die Stif|te
still
die **Stim|me**
stim|men
stimmt
stin|ken
stinkt, stank,
hat ge|stun|ken
der **Stock**
die Stö|cke
der **Stoff**
die Stof|fe
stolz
der **Stolz**
stö|ren
stört
sto|ßen
stößt, stieß,
ist ge|sto|ßen
der **Stoß**
die **Stra|ße**
der **Stra|ßen|ver|kehr**
der **Strauch**
die Sträu|cher
der **Strauß**
die Sträu|ße

strei|cheln
strei|chelt
strei|chen
streicht, strich
hat ge|stri|chen
der **Streit**
strei|ten
strei|tet, stritt,
hat ge|strit|ten
der **Strom**
das **Stück**
der **Stuhl**
die Stüh|le
stumm
die **Stun|de**
der **Sturm**
die Stür|me
stür|misch
der **Sturz**
die Stür|ze
stür|zen
stürzt
su|chen
sucht
der **Sü|den**
sum|men
summt
die **Sup|pe**
sur|fen
surft
sur|ren
surrt
süß
die **Sü|ßig|keit**
die **Süß|spei|se**
die **Sze|ne**
die Sze|nen

T t

das **Ta|b|let**
die Ta|b|lets
das **Ta|b|lett**
die Ta|b|letts
der **Tag**
die Ta|ge
täg|lich
das **Tal**
die Tä|ler
die **Tan|ne**
die **Tan|te**
die Tan|ten
der **Tanz**
die Tän|ze
tan|zen
tanzt

die **Tän|ze|rin**
die **Tas|se**
die **Tat|ze**
taub
das **Ta|xi**
die Ta|xis
das **Team**
die Teams
die **Tech|nik**
die Tech|ni|ken
der **Ted|dy**
die Ted|dys
der **Teich**
das **Te|le|fon**
te|le|fo|nie|ren
te|le|fo|niert
der **Tel|ler**
teu|er
das **The|a|ter**
die The|a|ter
das **Ther|mo|me|ter**
die Ther|mo|me|ter
tief
das **Tier**
die Tie|re
der **Ti|ger**
die Ti|ger
die **Toch|ter**
die Töch|ter
der **Tod**
töd|lich
toll
der **Ton**
die Tö|ne
die **Ton|ne**
die Ton|nen
to|sen
tost
tot
tra|gen
trägt, trug,
hat ge|tra|gen
trai|nie|ren
trai|niert
der **Trai|ner**
die Trai|ner
die **Trä|ne**
die Trä|nen
der **Traum**
die Träu|me
träu|men
träumt
die **Träu|me|rei**
trau|rig
die **Trau|rig|keit**

A B C D E F G H I J K L M N O P Qu R S T U V W X Y Z

tref|fen
trifft, traf,
hat ge|trof|fen
tren|nen
trennt
die **Trep|pe**
tre|ten
tritt, trat,
hat ge|tre|ten
der **Trick**
die Tricks
das **Tri|kot**
die Tri|kots
tril|lern
tril|lert
trin|ken
trinkt, trank,
hat ge|trun|ken
das **Trink|was|ser**
tro|cken
die **Tro|cken|heit**
trom|meln
trom|melt
trös|ten
trös|tet
trotz
trotz|dem
trot|zig
die **Tru|he**
das **T-Shirt**
die T-Shirts
das **Tuch**
die Tü|cher
tun
tut, tat, hat ge|tan

U u

üben
über
über|all
über|que|ren
über|quert
die **Übung**
die **Uhr**
um
die **Um|lauf|bahn**
die **Um|lei|tung**
der **Um|welt|schutz**
und
un|heim|lich
uns
un|ten
un|ter
die **Un|ter|stüt|zung**

V v

der **Va|ter**
die Vä|ter
ver|bie|gen
ver|biegt, ver|bog,
hat ver|bo|gen
ver|bie|ten
ver|bie|tet, ver|bat,
hat ver|bo|ten
ver|blü|hen
ver|blüht
ver|brau|chen
ver|braucht
ver|dan|ken
ver|dankt
der **Ver|ein**
ver|fah|ren
ver|fährt, ver|fuhr,
ist ver|fah|ren
ver|ge|hen
ver|geht, ver|ging,
ist ver|gan|gen
ver|ges|sen
ver|gisst, ver|gaß,
hat ver|ges|sen
ver|ir|ren
ver|irrt
ver|kau|fen
ver|kauft
der **Ver|käu|fer**
die **Ver|käu|fe|rin**
die Ver|käu|fe|rin|nen
der **Ver|kehr**
ver|kehrs|si|cher
ver|kehrt
ver|klei|den
ver|klei|det
ver|las|sen
ver|lässt, ver|ließ,
hat ver|las|sen
ver|lie|ren
ver|liert, ver|lor,
hat ver|lo|ren
ver|pa|cken
ver|packt
die **Ver|pa|ckung**
ver|pas|sen
ver|passt
ver|ra|ten
ver|rät, ver|riet,
hat ver|ra|ten
ver|rei|sen
ver|reist
ver|schie|den
ver|schlie|ßen
ver|schließt
die **Ver|söh|nung**
ver|sor|gen
ver|sorgt
ver|spei|sen
ver|speist
ver|spre|chen
ver|spricht, ver|sprach,
hat ver|spro|chen
das **Ver|spre|chen**
das **Ver|steck**
ver|ste|cken
ver|steckt
ver|ste|hen
ver|steht, ver|stand,
hat ver|stan|den
ver|su|chen
ver|sucht
ver|tei|di|gen
ver|tei|digt
der **Ver|trag**
die Ver|trä|ge
ver|träumt
ver|wandt
die **Ver|wandt|schaft**
viel, vie|le
viel|leicht
vier
der **Vo|gel**
die Vö|gel
voll
voll|stän|dig
vom
von
vor
vor|bei
das **Vor|der|rad**
die Vor|der|rä|der
vor|füh|ren
führt vor
vor|her
vor|le|sen
liest vor, las vor,
hat vor|ge|le|sen
der **Vor|mit|tag**
vorn
vor|sich|tig
der **Vor|sprung**
die **Vor|stel|lung**
der **Vor|teil**
der **Vor|trag**
die Vor|trä|ge
die **Vor|war|nung**
der **Vul|kan**

W w

wach
das **Wachs**
wa|ckeln
wa|ckelt
die **Wahl**
wäh|len
wählt
wahr
die **Wahr|heit**
wahr|schein|lich
der, die **Wai|se**
der **Wal**
der **Wald**
die Wäl|der
die **Wand**
die Wän|de
wan|dern
wan|dert
wann
die **Wan|ze**
war
ich war
warm
wär|mer,
am wärms|ten
war|ten
war|tet
wa|rum, *auch:* war|um
was
wa|schen
wäscht, wusch,
hat ge|wa|schen
das **Was|ser**
wech|seln
wech|selt
der **We|cker**
der **Weg**
weg
weg|lau|fen
läuft weg, lief weg,
ist weg|ge|lau|fen
we|hen
weht
weh|ren
wehrt
weich
Weih|nach|ten
weil
wei|nen
weint
wei|se (klug)
weiß
weit
der **Wei|zen**
wel|che, wel|cher
wel|ken
welkt
die **Wel|le**
die **Welt**
das **Welt|all**
wem
wen
we|nig
wenn
wer
die **Wer|bung**
wer|fen
wirft, warf,
hat ge|wor|fen
der **Wes|ten**
das **Wet|ter**
wich|tig
wi|ckeln
wi|ckelt
wie|der
wie viel
wie vie|le
wild
der **Wind**
win|dig
wir
wirk|lich
wis|sen
weiß, wuss|te,
hat ge|wusst
die **Wis|sen|schaft**
der **Witz**
wit|zig
die **Wo|che**
wohl
woh|nen
wohnt
die **Woh|nung**
das **Wohn|zim|mer**
wol|len
will, woll|te,
hat ge|wollt
der **Wunsch**
die Wün|sche
wün|schen
wünscht sich
die **Wur|zel**
die **Wut**
wü|tend

Z z

die **Zahl**
zäh|len
zählt
zahm
zäh|men
zähmt
der **Zahn**
die Zäh|ne
der **Zaun**
die Zäu|ne
der **Zeh**
auch: die Ze|he
die Ze|hen
zehn
zeich|nen
zeich|net
die **Zeich|nung**
die **Zeit**
die **Zeit|schrift**
die **Zei|tung**
die **Zen|sur**
die Zen|su|ren
zer|le|gen
zer|legt
zer|rei|ßen
zer|reißt, zer|riss,
ist zer|ris|sen
das **Zeug|nis**
die Zeug|nis|se
die **Zie|ge**
zie|hen
zieht, zog,
hat ge|zo|gen
ziem|lich
das **Zim|mer**
der **Zir|kel**
die **Zi|t|ro|ne**
zu En|de
zu|erst
der **Zug**
die Zü|ge
zu|gu|cken
guckt zu
zu|hö|ren
hört zu
die **Zu|kunft**
zu|letzt
zu|rück
zu|sam|men
zu|se|hen
sieht zu, sah zu
zu|zie|hen
zieht zu, zog zu
zwar
zwei
zwi|cken
zwickt
zwi|schen
zwölf

Lösungen: Was kann ich nun?

Hier kannst du vergleichen, ob du alles richtig gemacht hast.
Wenn du weiter üben möchtest,
schlage die Seiten mit dem Pfeil ▸ auf.

Lösungen zu Seite 27	Weiter üben
1 Selbstlaute werden auch Vokale genannt und Mitlaute nennt man auch Konsonanten. Ein Zwielaut besteht aus zwei verschiedenen Vokalen. Die Laute ä, ö und ü nennt man Umlaute.	▸ Seite 17, 25
2 Mögliche Lösung: Kamm – kämmen, Sonne – sonnen, Schwimmer – schwimmen, Blatt – blättern	▸ Seite 18, 25
3 Komm, wir gehen zusammen schwimmen! Meine Brille ist kaputt. Einige Kinder können schnell rennen.	▸ Seite 18, 25
4 In unserem Teich schwimmt ein Fisch herum. Auf einem Blatt sitzt ein Frosch. Plötzlich springt ein Frosch ins Wasser und ein Fisch taucht auf.	▸ Seite 6, 21, 26
5 der Stift – die Stifte, das Radio – die Radios, der Wald – die Wälder, die Skizze – die Skizzen, der Tag – die Tage, das Kind – die Kinder, der Name – die Namen, das Handy – die Handys	▸ Seite 7, 22, 26
6 Er duscht sich. Das macht ihm Spaß. Ich trockne mich ab und kämme mir die Haare.	▸ Seite 12, 23, 26

Lösungen zu Seite 49

Weiter üben

1 Wörter mit **ss** oder **ß**: das Gebiss, beißen, flüssig, fließend
Wörter mit **z** oder **tz**: die Wanze, wir sitzen, der Sturz, schützen
Wörter mit **k** oder **ck**: das Versteck, das Getränk, der Gedanke, du packst

▸ Seite 32, 35-37, 47, 48,

2 Der Hirsch kommt zur Futterstelle. Ein junges Reh macht dem Hirsch Platz. Wir können den Hirsch aus der Ferne beobachten. Das Geweih des Hirschs hat mehrere Enden.

▸ Seite 31, 38, 39, 48

3 Der Wald liefert uns Holz. Wer liefert uns Holz? – der Wald, Nominativ
Oft gehört der Wald einem Bauern. Wem gehört der Wald oft? – einem Bauern, Dativ
Die Waldarbeiter stapeln die gefällten Baumstämme. Wen stapeln die Waldarbeiter? – die gefällten Baumstämme, Akkusativ
Das Holz der Bäume wird verarbeitet. Wessen Holz wird verarbeitet? – das Holz der Bäume, Genitiv

▸ Seite 31, 38, 39, 48

4 Der Jäger ruft seine Frau: „Sabine, komm schnell her! Ich habe heute einen Hirsch vor die Flinte bekommen.“ „Hatte sein Geweih“, will sie wissen, „viele Enden?“
„Das konnte ich leider nicht genau sehen“, antwortet er, „denn im letzten Moment ist der Hirsch weggesprungen.“

▸ Seite 31, 40, 41, 48

5 „Das konnte ich leider nicht genau sehen, denn im letzten Moment ist der Hirsch weggesprungen“, antwortet er.

▸ Seite 31, 40, 41, 48

Lösungen zu Seite 73

1 Lara trägt ein cooles T-Shirt.
Ist meine Jeans noch im Trockner?
Ich trinke am liebsten kalte Milch mit Kakao.
Meine Schwester isst gern Joghurt mit Früchten.

2 der bunte Schal – die falsche Zahl
die hohen Töne – die lieben Söhne
der zarte Fühler – der brave Schüler
die feuchte Träne – die sauberen Zähne
der kühle Winter – der schwüle Sommer

3 drehen – er dreht, fliehen – er flieht,
drohen – es droht, wehen – es weht,
gehen – er geht, ziehen – es zieht

4 Mutter und Vater kaufen ihrer Tochter einen Laptop.

5 Der Riese Grobi reitet der Prinzessin hinterher.
Er treibt sein Pferd kräftig an.
Die Prinzessin findet eine Höhle.
Dort trifft die Königstocher eine alte Zauberin.
Die weise Frau hilft ihr.

Weiter üben

- Seite 53, 59, 77
- Seite 51, 60, 72
- Seite 51, 62, 71
- Seite 54, 65, 72
- Seite 54, 64, 71

Lösungen zu Seite 93

1 Komm, wir verstecken uns!
Ich will meiner kleinen Schwester etwas vorlesen.
Ein Versprechen darf man nicht brechen!
Jetzt haben wir uns verfahren.
Ich habe meine eigene Vorstellung vom Weltraum.

2 magnetisch, friedlich, dreckig, vorsichtig, stürmisch, sportlich

Weiter üben

- Seite 80, 83, 91
- Seite 83, 91

Lösungen zu Seite 93

3 die Entschuldigung, die Höflichkeit, das Hindernis, die Verwandtschaft, die Freundschaft, die Zeichnung, die Klugheit, die Wahrheit, die Fröhlichkeit, das Zeugnis, die Gemeinheit

4 das Esszimmer, das Altpapier, der Schreibtisch, die Rundfahrt

5 weinen: heulen, jammern, flennen
lachen: kichern, grinsen, lächeln

6 A Tino fuhr schnell Fahrrad.
Tino ist schnell Fahrrad gefahren.
B Er gewann das Radrennen.
Er hat das Radrennen gewonnen
C Seine Familie freute sich.
Seine Familie hat sich gefreut.

Weiter üben

- Seite 78, 84, 91
- Seite 75, 85, 92
- Seite 75, 86, 92
- Seite 76, 87, 88, 92

Lösungen zu Seite 117

1 kräftig, erklären, Männer, Rätsel, Gebäude

2 Ablauf, laufen, Läufer, Lauf, verlaufen

3 Mit der Rakete <u>soll</u> die Astronautin heute <u>starten</u>. Am Himmel <u>kann</u> man Sternschnuppen <u>beobachten</u>. Die Außerirdischen <u>wollen</u> einen Ausflug nach Schlaraffia <u>machen</u>.

4-5 Menschen <u>auf der Erde</u> interessieren sich <u>seit Jahrtausenden</u> für die Sonne, den Mond und die Sterne. <u>In den vergangenen Jahren</u> waren auch Hunde, Katzen, Affen und andere Tiere <u>im Weltall</u>.

Weiter üben

- Seite 100, 103, 115
- Seite 104, 115
- Seite 97, 105, 115
- Seite 96, 99, 107, 108, 111, 116

Lösungen zu Seite 117

6 Am Himmel sehen wir viele Himmelskörper. Ein Komet rast durch das Weltall.

7 schön, schöner, am schönsten
nah, näher, am nächsten
hoch, höher, am höchsten
lang, länger, am längsten

Weiter üben

- Seite 98, 106, 115, 116
- Seite 95, 109, 116

Lösungen zu Seite 135

1 Die Eidechse versteckt sich links hinter der Mauer. Der Fuchs wohnt manchmal mit dem Dachs in einem Bau. Die Kekse werden in der Blechbüchse aufbewahrt.
Im Gewächshaus wachsen die Tomaten.

2 Der Hai ist ein Raubfisch. Im Teich leben viele Tiere. Aus Froschlaich entwickeln sich Kaulquappen. Die Seite im Buch über Kaiserpinguine finde ich interessant.

3 der Kreis – die Kreise, der Fuß – die Füße,
das Los – die Lose, der Strauß – die Sträuße,
das Glas – die Gläser, der Stoß – die Stöße

4 Die Saite der Gitarre ist gerissen. Paul isst gern Möhrengemüse. Er reitet seit drei Jahren.

5 Lena freut sich auf die Ferien, weil sie dann mit ihren Eltern in den Urlaub fährt. Sie fahren ans Meer, obwohl Lena lieber in die Berge gefahren wäre.

6 Paul verbringt die Ferien an einem See. Jeden Morgen angelt er. Mit seiner Schwester füttert er die Enten. Oft geht er schwimmen.

Weiter üben

- 1: Seite 120, 124, 133
- 2: Seite 120, 124, 133
- 3: Seite 119, 121, 126, 134
- 4: Seite 121, 127, 134
- 5: Seite 119, 128, 129, 133, 134
- 6: Seite 122, 130, 134

Wichtige Fachwörter

Adjektiv: Adjektive sind Wörter, mit denen man genauer sagen kann, wie etwas aussieht, wie etwas ist: *schön, klein, hoch*. Mit ihnen kann man Dinge vergleichen; man kann sie steigern. Es gibt eine Grundstufe, eine Mehrstufe und eine Meiststufe. Adjektive können zwischen Artikel und Substantiv (Nomen) stehen: *der kleine Kater*. ▶ Seite 109

Akkusativ: Substantive (Nomen) können in vier verschiedenen Fällen stehen. Der Akkusativ ist einer von ihnen. Man kann ihn mit der Frage *Wen?* erfragen: *Wen sehe ich? Ich sehe den Radfahrer*. ▶ Seite 38, 39

Alphabet: Das Alphabet besteht aus 26 Buchstaben von A bis Z.

Anführungszeichen (Redezeichen): Anführungszeichen werden zu Beginn und zum Schluss der wörtlichen Rede gesetzt. Sie zeigen in einem Text, wo die wörtliche Rede beginnt und endet: *Der Junge ruft: „Das ist schön!“* ▶ Seite 40, 41

Artikel: Die kurzen Wörter, die vor einem Substantiv (Nomen) stehen, nennt man Artikel: *der, die, das, ein, eine*. An den Artikeln kann man die Substantive (Nomen) erkennen: *der Löffel, die Gabel, das Messer, ein Teller, eine Tasse*. ▶ Seite 21

Ausrufezeichen: Am Ende eines Satzes setzt man ein Ausrufezeichen, wenn man etwas ausruft oder jemanden nachdrücklich zu etwas auffordert. ▶ Seite 40, 41

Begleitsatz: Wer etwas sagt, steht im Begleitsatz. Was einer sagt, steht in der wörtlichen Rede: Amelie sagt: *„Gib mir den Ball!“* ▶ Seite 40, 41

bestimmter Artikel: Die bestimmten Artikel sind *der, die, das*. Sie stehen in der Regel vor Substantiven (Nomen): *der Löffel, die Gabel, das Messer*. ▶ Seite 21

Bestimmungswort: Bei einem zusammengesetzten Substantiv (Nomen) nennt man den ersten Teil Bestimmungswort: *Apfel-kuchen*. ▶ Seite 85

Bindewort: Bindewörter sind Wörter, die Wörter und Sätze miteinander verbinden: *der Hund und die Katze – ich komme, wenn du es möchtest*. Die häufigsten Bindewörter sind *und, denn, als, weil, wenn*. ▶ Seite 128, 129

Dativ: Substantive (Nomen) können in vier verschiedenen Fällen stehen. Der Dativ ist einer von ihnen. Man kann ihn mit der Frage *Wem?* erfragen: *Wem helfe ich? Ich helfe dem Freund*. ▶ Seite 38, 39

Dehnungs-h: Das Dehnungs-h zeigt an, dass der Vokal (Selbstlaut), der davorsteht, lang ausgesprochen wird: *füh-len*. ▶ Seite 60

Doppelpunkt: Einen Doppelpunkt setzt man am Ende eines Redebegleitsatzes der wörtlichen Rede. Doppelpunkte machen darauf aufmerksam, dass nach ihnen etwas Wichtiges kommt: *Sie sagte: …* ▶ Seite 40, 41

doppelter Konsonant (Mitlaut): Ein doppelter Konsonant entsteht, wenn man denselben Buchstaben verdoppelt. Die häufigsten doppelten Konsonanten sind: *ff, ll, mm, nn, pp, rr, ss, tt*. ▶ Seite 18, 35-37

Einzahl: siehe Singular ▶ Seite 22

Fabel: Eine Fabel ist eine kurze Geschichte, in der Tiere vorkommen, die sich wie Menschen verhalten und wie Menschen reden. Fabeln haben am Schluss meistens eine Lehre. ▶ Seite 42-46

Figur: Eine Person, ein Fabeltier oder ein anderes lebendiges Wesen in einem Erzähltext nennt man eine Figur. ▶ Seite 42-46

Fragezeichen: Wenn man jemanden etwas fragt, setzt man am Ende dieses Fragesatzes ein Fragezeichen. ▶ Seite 40, 41

Futur: Das Futur ist eine Zeitform. Sie wird mit *werden* gebildet und sagt etwas aus, was in der Zukunft geschieht: *Ich werde dich morgen besuchen*. ▶ Seite 110

Genitiv: Substantive (Nomen) können in vier verschiedenen Fällen stehen. Der Genitiv ist einer von ihnen. Man kann ihn mit der Frage *wessen?* erfragen: *Wessen Stiefel sind nass? Die Stiefel des Kindes sind nass*. ▶ Seite 38, 39

Großschreibung: Substantive (Nomen) schreibt man groß. Am Satzanfang schreibt man groß.

Grundform – gebeugte Form: Im Wörterbuch stehen die Verben in der Grundform. Die Grundform hat meistens ein *-en* am Ende: *sehen, laufen, fangen*. In einem Satz stehen Verben meistens in der gebeugten Form: *ich sehe, du läufst, sie fängt.*

Grundstufe, Steigerungsstufen: Die einfache Form eines Adjektivs nennt man Grundstufe: *schön, lang, …* Die Steigerungsstufen, mit denen man etwas vergleicht, heißen Mehrstufe und Meiststufe: *schöner, am schönsten.* ▶ Seite 109

Grundwort: Bei einem zusammengesetzten Nomen (Substantiv) nennt man den zweiten Teil Grundwort: *Apfel-kuchen.* ▶ Seite 85

Information: Eine Neuigkeit, die uns jemand mitteilt, nennt man Information. ▶ Seite 34

Komma: Das Komma ist ein Satzzeichen. Mit Kommas trennen wir aufgezählte Wörter und Sätze voneinander ab: *Sie aßen Kuchen, Torte, Eis. Sie aßen viel, denn sie hatten Hunger.* ▶ Seite 111

Konsonant (Mitlaut): Konsonanten sind Laute, bei denen beim Sprechen die Lippen, die Zunge oder die Zähne mitklingen: *b, c, d, f, g, h, j, k, l, m, n, p, q, r, s, t, v, w, x, z.* ▶ Seite 17

Laut: Laute nennt man die Buchstaben von A bis Z, wenn sie ausgesprochen werden. Laute kann man hören, Buchstaben kann man sehen. ▶ Seite 17
Es gibt Selbstlaute (Vokale) und Mitlaute (Konsonanten). ▶ Seite 22

Mehrzahl: siehe Plural ▶ Seite 22

Mitlaut: siehe Konsonant ▶ Seite 17

Nomen: siehe Substantiv ▶ Seite 20

Nominativ: Substantive (Nomen) können in vier verschiedenen Fällen stehen. Der Nominativ ist einer davon. Man kann ihn mit der Frage *Wer oder was?* erfragen: *Wer schläft? Der Vater schläft.* ▶ Seite 38, 39

Objekt: Viele Sätze haben ein Objekt. Objekte sind Satzglieder. Es gibt Dativ-Objekte: *Ich helfe meinem Freund.* Und es gibt Akkusativ-Objekte: *Ich unterstütze meinen Freund.* ▶ Seite 64, 65

Perfekt: Das Perfekt ist eine Zeitform. Man verwendet sie vor allem, wenn man mündlich über etwas Vergangenes spricht: *Ich habe gespielt.* ▶ Seite 87, 88

Personalpronomen: Sie sind kurze Wörter, die man für Substantive (Nomen) einsetzen kann: *Sie hilft der Freundin. – Sie hilft ihr.* ▶ Seite 23

Plural (Mehrzahl): Von Substantiven (Nomen) kann man den Plural bilden: *die Bäume, die Häuser.* Mit dem Plural sind immer mehrere Dinge gemeint. ▶ Seite 22

Prädikat: Das Prädikat ist ein Satzglied. Es sagt aus, was einer tut oder was geschieht: *Die Köchin kocht.*

Präposition: Präpositionen sind Verhältniswörter. Nach den meisten Präpositionen stehen die Nomen im Akkusativ oder Dativ. ▶ Seite 106

Präsens: Das Präsens ist eine Zeitform. Man verwendet sie vor allem, wenn man über etwas spricht oder schreibt, das in der Gegenwart geschieht: *Ich spiele gerade.* ▶ Seite 87, 88

Präteritum: Das Präteritum ist eine Zeitform. Man verwendet sie vor allem, wenn man über etwas Vergangenes schreibt: *Ich spielte gestern Fußball.* ▶ Seite 87, 88

Pronomen: Pronomen sind kleine Wörter, die man 1. für Nomen einsetzen kann: *Sie hilft der Freundin. Sie hilft ihr.* Pronomen sind 2. kleine Wörter, die man anstelle von Artikeln vor Nomen setzen kann: *Sie hilft ihrer Freundin.* ▶ Seite 23

Redebegleitsatz: siehe Begleitsatz ▶ Seite 40

Satzarten: Die Satzarten sind der Aussagesatz mit einem Punkt am Ende, der Ausrufesatz mit einem Ausrufezeichen am Ende, der Fragesatz mit einem Fragezeichen am Ende.

Satzglied: Was ein Satzglied ist, bekommt man durch Umstellproben heraus. Jeder Teil eines Satzes, den man an den Anfang eines Satzes umstellen kann, ist ein Satzglied. Satzglieder können aus einem oder aus mehreren Wörtern bestehen: *Ich gehe jetzt ins 2. Schuljahr. Jetzt gehe ich ins 2. Schuljahr. Ins 2. Schuljahr gehe ich jetzt. Gehe ich jetzt ins 2. Schuljahr?* ▶ Seite 63

Satzkern: Subjekt und Prädikat bilden den Satzkern. Ein Satz kann auch nur aus Subjekt und Prädikat bestehen: *Das Mädchen läuft.* ▶ Seite 63

Satzschlusszeichen: Satzschlusszeichen sind die Zeichen, die man am Ende eines Satzes setzt: Punkt, Fragezeichen, Ausrufezeichen. ▶ Seite 40, 41

Selbstlaut: siehe Vokal ▶ Seite 17

Singular (Einzahl): Substantive (Nomen) können im Singular (Einzahl) stehen: *das Haar, ein Haar,* aber auch im Plural (Mehrzahl): *die Haare, viele Haare.* ▶ Seite 22

steigern: Adjektive lassen sich steigern. Dadurch kann man genauer unterscheiden, wie etwas ist: *Er ist größer als ich.* ▶ Seite 109

Subjekt: Das Subjekt ist ein Satzglied. Im Subjekt wird meistens jemand genannt, der etwas tut. Das Subjekt kann man mit *Wer oder was?* erfragen. *Der Maler* (Wer?) *streicht die Wände an.* ▶ Seite 63

Substantiv: Substantive (Nomen) sind die wichtigsten Wörter in unserer Sprache. Sie werden deshalb großgeschrieben. Substantive bezeichnen Lebewesen (*Kind, Pflanze, Fisch, ...*), Gegenstände (*Haus, Bleistift, Tisch, ...*), Gefühle und Gedanken (*Spaß, Angst, Klugheit*). ▶ Seite 20

Umlaut: Umlaute sind solche Selbstlaute, die zwei Punkte über den Buchstaben haben: *ä, ö, ü.* ▶ Seite 103

umstellen: Ein Satz besteht aus einer Folge von Wörtern. Einige von ihnen lassen sich an eine andere Stelle im Satz umstellen, zum Beispiel an den Anfang: *Ich esse am liebsten Spaghetti. Spaghetti esse ich am liebsten. Am liebsten esse ich Spaghetti.* ▶ Seite 130

unbestimmer Artikel: Die unbestimmten Artikel sind *ein, eine.* Sie können vor Nomen stehen: *ein Löffel, eine Gabel.* ▶ Seite 21

Verb: Mit Verben kann man sagen, was jemand tut oder was passiert: *Ich spiele. Der Ball kullert.*

Vokal (Selbstlaut): Vokale sind Laute, die beim Sprechen selbst klingen: *a, e, i, o, u,* aber auch *ä, ö, ü, au, ei, eu.* Es gibt kurze und lange Vokale. ▶ Seite 17

Wortbaustein: Viele Wörter sind aus verschiedenen Bausteinen zusammengesetzt. Man kann sie vorn an ein Wort anfügen *(ab|geben)* oder hinten *(witz|ig).* ▶ Seite 83, 84, 104

Wörter bilden: Wörter kann man aus Silben bilden: *Ta-ge,* aus Wortbausteinen: *täg-lich, oder* indem man zwei Wörter zusammensetzt: *Spiel-platz.* ▶ Seite 83, 85

Wortfamilie: Eine Wortfamilie besteht aus Wörtern, die miteinander verwandt sind. Ihre Verwandtschaft erkennt man an demselben Wortstamm: *fahren, fährst, gefahren, Fahrer, Fahrt, ...* Manchmal verändert sich der Wortstamm. ▶ Seite 19

Wortfeld: Ein Wortfeld besteht aus Wörtern, die etwas Ähnliches bedeuten: *gehen, laufen, rennen.* ▶ Seite 86

wörtliche Rede: Was jemand sagt, nennt man wörtliche Rede. Wörtliche Reden stehen in Anführungszeichen. Wer etwas sagt, steht im Redebegleitsatz: *Amelie sagt: „Gib mir den Ball!“* ▶ Seite 40, 41

Wortstamm: Der Wortstamm ist der Hauptteil eines Wortes: *-spiel-.* An einen solchen Wortstamm können oft andere Wortbausteine vorn oder hinten angefügt werden: *Zu-spiel, spiel-bar, ver-spiel-en.* ▶ Seite 19

Zeitform: Zeitformen sind die Formen des Verbs, mit denen man auf die Zeit hinweisen kann. Die wichtigsten Zeitformen sind das Präsens *(ich gehe),* das Perfekt *(ich bin gegangen)* und das Präteritum *(ich ging).* ▶ Seite 87, 88

Zwielaut: Zwielaute sind Doppellaute, die aus zwei verschiedenen Vokalen bestehen: *ei, au, äu, eu, ai, ui.* ▶ Seite 103

zusammengesetzte Substantive (Nomen): Mit einzelnen Substantiven (Nomen) kann man sagen, wie ein Ding heißt: *Ball.* Wenn man es genauer sagen will, kann man zwei Substantive zusammensetzen: *Fuß|ball, Gummi|ball, Tennis|ball.* ▶ Seite 85

Die Kompetenzbereiche

Kapitel	Sprechen und zuhören	Richtig schreiben
Ich und die anderen 6–27	Perspektiven wechseln (6); eigene Situation reflektieren und vergleichen (9); begründet Stellung nehmen (10); alternative Lösungen imaginieren (11); Konflikte **reflektieren** (11); Informationen einholen (15); ein **Arbeitsvorhaben** planen (15); Gespräche situationsangemessen planen: **Interview** (16)	Wörter mit **Um- und Zwielauten** üben (17); Rechtschreibstrategie anwenden: **Vokallänge** prüfen (18, 19); mit **Wortfamilien** arbeiten (19); Rechtschreibstrategien, Arbeitstechniken und Übungsformen anwenden (25–27); Lernprozesse reflektieren (27)
Im Wald unterwegs 28–49	funktionsangemessen sprechen (28); Vermutungen anstellen (30); funktionsangemessen sprechen: Anleitung (33); Informationen einholen und weitergeben (34); verschiedenen **Medien** Informationen entnehmen und aufbereiten (34); szenisch einen Text umsetzen (42); sich über einen Text austauschen (42, 43) begründet Stellung beziehen (43)	auf rechtschriftliche Besonderheiten achten (29); mit **Wortfamilien** arbeiten (30); Rechtschreibstrategien anwenden: **mitsprechen** (32); Rechtschreibstrategien anwenden: Vokallänge prüfen (35); Rechtschreibstrategien anwenden: Vokallänge prüfen (36, 37); Merksätze vervollständigen (36, 37); Rechtschreibstrategien, Arbeitstechniken und Übungsformen anwenden (47–48); Lernprozesse reflektieren (49)
Wir kennen Medien 50–73	Bildern Informationen entnehmen und diese sammeln (50), **Medien präsentieren** (51); begründet Stellung beziehen (51); Medien zum Gestalten eigener Beiträge nutzen (52); ein eigenes **Projekt** planen (52)	Rechtschreibstrategien entwickeln (51); Rechtschreibhilfen nutzen: **Computer** und **Wörterverzeichnis** (53); Rechtschreibhilfen des Computers kritisch nutzen (58); Wörter sammeln und ordnen (59); Bedeutung von **Fremdwörtern** klären (59); Rechtschreibstrategie anwenden: Wörter mit **Dehnungs-h** merken (60); Rechtschreibstrategien erforschen (61); Merksätze vervollständigen (61); Rechtschreibstrategien nutzen: **verlängern, Silbenprinzip** (62); Rechtschreibstrategien, Arbeitstechniken und Übungsformen anwenden (71, 72); Lernprozesse reflektieren (73)
Das Fahrrad und andere Erfindungen 74–93	Fachbegriffe verwenden (74); sich an Gesprächen beteiligen: **begründet Stellung** beziehen (74, 78); Texte und Bilder zuordnen (76); zu anderen sprechen: **diskutieren** und **argumentieren** (77); Redebeitrag planen (77); einem Text Informationen entnehmen (78); mit dem Computer **recherchieren**; **Medien** nutzen (79); Texte und Bilder zuordnen (80); mit Sprache kreativ umgehen: Werbung (81); eine eigene **Werbe-Idee** entwickeln (81)	**verwandte** Wörter finden (78); Übungsformen selbstständig nutzen (82); Wörter ordnen (82); Rechtschreibstrategien anwenden: **zerlegen, verlängern** (83); mit Wortbausteinen Wörter bilden (83); Rechtschreibstrategien, Arbeitstechniken und Übungsformen anwenden (91, 92); Lernprozesse reflektieren (93)
Reise ins Universum 94–117	funktionsangemessen sprechen (94); sich über Vorwissen austauschen (98); einem Text Informationen entnehmen (99); **Fachbegriffe** klären (100); Fachgespräche führen (102); verschiedene **Medien** nutzen (102); Ergebnisse **präsentieren** (102)	Rechtschreibstrategien nutzen: **verlängern** (100); Rechtschreibstrategien nutzen: **ableiten** (103); Wortfamilien bilden (103); Rechtschreibstrategien nutzen: **zerlegen, Prinzip der Stammschreibung** (104); Rechtschreibstrategien, Arbeitstechniken und Übungsformen anwenden (115, 116); Lernprozesse reflektieren (117)
Im und am Wasser 118–135	Verständnisprobleme formulieren (118); Vermutungen anstellen (119); Bedeutung von Wörtern klären (120); Bildinformationen versprachlichen und nutzen (122); einen **Kurzvortrag** halten (131)	Rechtschreibstrategie: **verlängern** (121); Rechtschreibstrategie nutzen: **merken** (124); Wörter sammeln und ordnen (124); Rechtschreibstrategien erforschen und nutzen: **verlängern** (125, 126); Wortbedeutungen klären und Schreibweisen merken (127); Rechtschreibstrategien, Arbeitstechniken und Übungsformen anwenden (133, 134); Lernprozesse reflektieren (135)
Im Jahreskreis 136–145	Feste anderer Länder kennenlernen (136); verstehend zuhören (139); eine Anleitung verstehen und ausführen: **Bastelanleitung** (139, 145); sich über eine Anleitung austauschen und sie ausführen: **Rezept** (140); Vermutungen und Ideen austauschen (141); Texte Bildern zuordnen (144); sich über **Erfahrungen** austauschen (144)	

Sprache untersuchen	Texte verfassen	Lesen
bestimmte und unbestimmte **Artikel** als Kennzeichen von Substantiven nutzen (6, 21); Mehrzahl von Substantiven bilden (7); Sprachen miteinander vergleichen (7); Einsichten in die Wortbildung gewinnen (9); Artikel nach Geschlecht zuordnen (10); Wortarten kennenlernen: **Pronomen** (12, 23); Bedeutung von **Fremdwörtern** klären (14); Sprachmuster anwenden (14); sprachliche Begriffe kennen und verwenden: **Geschlecht** (20); Wörter nach dem **Geschlecht** ordnen (20); sprachliche Regeln anwenden (21, 23); sprachliche Begriffe kennenlernen und anwenden: **Singular und Plural** (22); Arbeitstechniken und Übungsformen anwenden (25–27); Lernprozesse reflektieren (27)	eigene Texte nach Muster verfassen (8); Texte **strukturieren** (12); Aufbau einer Geschichte kennenlernen (13, 24); Schreibideen entwickeln (13, 24); Übungsformen anwenden (26)	mit Texten arbeiten (4); sich im Buch orientieren (4); einem Text Informationen entnehmen (7); Texte und Bilder zuordnen (8, 10); recherchieren (11, 16)
sprachliche Strukturen und Begriffe kennen: **vier Fälle** (31, 38, 39); **Redezeichen** kennenlernen (31); **Redezeichen** passend einsetzen (40, 41); Arbeitstechniken und Übungsformen anwenden (47, 48); Lernprozesse reflektieren (49)	funktionsangemessen schreiben: Wünsche (33); Textformen kennenlernen: **Fabel** (32, 42, 43, 44); den Aufbau einer **Fabel** kennenlernen (44); Texte planen, schreiben und präsentieren (45); textsortenspezifische Merkmale kennen und anwenden (46); Textformen unterscheiden (46); Übungsformen anwenden (48)	Informationen ordnen (28); Fachbegriffe kennen (29); Infomationen entnehmen (30)
sprachliche Operationen durchführen: **Objekte** ermitteln (54, 64, 65); Fachbegriffe anwenden (63–65); sprachliche Operationen durchführen: **Subjekt** ermitteln (63, 65); Arbeitstechniken und Übungsformen anwenden (71, 72); Lernprozesse reflektieren (73)	gestalterisch mit einer Textform umgehen (55); Texte planen und adressatenbezogen schreiben (56, 67); Texte am Computer gestalten (57, 70); mit Schrift gestalten (58); Textformen kennenlernen: **Sagen** (66); Planungsmethoden anwenden (67); Texte optimieren (68, 70); sich über Texte austauschen (68, 70); Überarbeitungskriterien kennenlernen (68); Textsorten kennenlernen: **Zeitungsartikel** (69); Informationen sammeln und strukturieren (69); Übungsformen anwenden (72)	Textformen kennenlernen: **Sagen** (54, 66); Textformen kennenlernen: **Comic** (55); Textformen kennenlernen: **Bericht** (56)
Formen der Wortbildung nutzen: **zusammengesetzte Substantive** (75); sprachliche Strukturen und Begriffe kennen: **Präteritum** (76); Übungsformen selbstständig nutzen (82); Wörter ordnen (82); grammatisches Wissen rechtschriftlich nutzen: **Substantive** bilden (84); Formen der Wortbildung kennenlernen und anwenden (85); Wortschatzerweiterung: mit **Wortfeldern** arbeiten (86); sprachliche Strukturen und Begriffe kennen: **Präsens, Präteritum und Perfekt** (87, 88); Arbeitstechniken und Übungsformen anwenden (91, 92); Lernprozesse reflektieren (93)	Texte nach Beispielen verfassen (79); Ideen zu Texten entwickeln (80); eine eigene **Werbe-Idee** entwickeln (81); einen Text nach Vorgabe schreiben (89); zu Bildern eine Geschichte schreiben und überarbeiten (89); Übungsformen anwenden (88); Textformen kennenlernen: **Bericht** (90)	Textformen kennenlernen: **Bericht** (75)
Funktionen von Satzzeichen: **Komma** (94, 99, 111); **Adjektive** verwenden und steigern (95); sprachliche Strukturen und Begriffe kennen: **Orts- und Zeitangaben** (96); **Modalverben** kennenlernen (97, 105); **Präteritum** verwenden (97); **Präpositionen** kennenlernen und verwenden (98); eigene Sätze mit **Modalverben** bilden (105); **Präpositionen** verwenden (106); sprachliche Strukturen und Begriffe kennen: **Ortsangaben** (107); sprachliche Strukturen und Begriffe kennen: **Zeitangaben** (108); **Adjektive** kennen und verwenden (109); mit **Adjektiven** vergleichen (109); sprachliche Strukturen und Begriffe kennenlernen: **Futur** (110); Arbeitstechniken und Übungsformen anwenden (115, 116); Lernprozesse reflektieren (117)	Textmuster übertragen: **Steckbrief** (96); aus Stichpunkten Texte ableiten (97); kreativ mit einem Text umgehen (99); nach Anregungen eigene Texte schreiben (101, 113, 114); Textentwürfe überarbeiten und kürzen (113); mit Planungsmethoden arbeiten (114); Schreibideen entwickeln (114); Übungsformen anwenden (116)	Textformen kennenlernen: **Sachtext** (94); einem Text Informationen entnehmen (95); zentrale Aussagen von Texten erfassen (112)
Sätze mit **Konjunktionen** bilden (119); mit **Adjektiven** beschreiben (119); Satzglieder **umstellen** (122, 130); Zeichensetzung vor **Konjunktionen** kennenlernen (128, 129); Satzteile verbinden (128, 129); Texte sprachlich verbessern (130); Arbeitstechniken und Übungsformen anwenden (133, 134); Lernprozesse reflektieren (135)	zweckorientiert schreiben: **Stichpunkte** (120, 131); einem Text Informationen entnehmen und strukturieren: **Steckbrief** (121); ein **Protokoll** führen (123); Lernergebnisse ordnen (123); Textformen kennenlernen: Haiku (132); nach Mustern eigene Texte verfassen (132); Übungsformen anwenden (134)	Textformen kennenlernen: **Sachtext** (118); einem Text Informationen entnehmen und strukturieren: **Steckbrief** (121); Textformen kennenlernen: **Haiku** (132)
	Texte adressaten- und situationsorientiert schreiben: **Aprilscherze** (138); kreativ mit einem Text umgehen (141); ein **Rondell** schreiben und gestalten (142); ein **Beobachtungsprotokoll** schreiben (143)	Texten Informationen entnehmen (137, 143); im Internet **recherchieren** (137); Textformen kennenlernen: **Rondell** (142)

Pusteblume
Das Sprachbuch 4
Neubearbeitung

westermann GRUPPE

Druck A1 / Jahr 2017
Alle Drucke der Serie A sind im Unterricht parallel verwendbar.

Redaktion: Michaele Gruschka
Umschlaggestaltung: Künkel – Büro für Gestaltung mit einer Illustration von Bettina Kumpe
Layout: VISIO Kommunikation GmbH, Bielefeld
Druck und Bindung: westermann druck GmbH, Braunschweig

ISBN: 978-3-507-**42494-4**

Zum Sprachbuch 4 gehören:

Lehrermaterialien 4	978-3-507-42500-2
Kopiervorlagen 4	978-3-507-42518-7
Digitale Lehrermaterialien mit E-Book	978-3-507-42521-7
Arbeitsheft 4	978-3-507-42497-5
Förderheft 4	978-3-507-49465-7
Forderkartei 4	978-3-507-49468-8
Arbeitsheft inklusiv 4	978-3-507-49474-9
Lernsoftware 4 Download	
Einzelplatzlizenz Windows	web-507-49483
Einzelplatzlizenz Mac	web-507-49486
Netzwerklizenz für Windows und Mac	web-507-49441
Interaktive Tafelbilder CDR 4	
Einzelplatzlizenz	978-3-507-42575-0
Schullizenz	978-3-507-42559-0

Die Lizenz zum **Digitalen Schulbuch** und zur **App 4** finden Sie unter **www.grundschulklick.de**

Lesebuch 4	978-3-507-42524-8
Hör-CD 4	978-3-507-42527-9
Lehrermaterialien 4 + DVD-ROM	978-3-507-42539-2
Kopiervorlagen 4	978-3-507-42542-2

Textquellen
S. 32 Der Fuchs und der Rabe, frei nach de La Fontaine, Jean; S. 42, 43 Der Fuchs und der Storch, frei nach Äsop; S. 44 Der Löwe und die Maus, frei nach Äsop; S. 66 Der Riesenfinger, frei nach den Brüdern Grimm, Deutsche Sagen (Kassel) 1816; S. 68 Der Riesenstein bei Wandlitz, frei nach Kuhn, Adalbert, Märkische Sagen und Märchen, Berlin 1843; S. 54, 55 Die Rosstrappe, frei nach Johan Christoph Nachtigal, Örtliche Volkssagen auf der Nordseite des Harzes, Volkssagen 1800; S. 132 Schnee fällt; Martin Auer; Wo kommen die Worte her? Neue Gedichte für Kinder und Erwachsene, Gedichte und Bilder aller Art. Hans-Joachim Gelberg (Hrsg.)

Bildquellen
S. 7.1 fotolia.com, New York (Picture Partners); S. 8.1 Lineair Fotoarchief, Berlin; S. 8.2 mauritius images GmbH, Mittenwald (travelib asia/Alamy); S. 8.3 alamy images, Abingdon/Oxfordshire (Bill Bachman); S. 8.4 mauritius images GmbH, Mittenwald (Cultura/Nancy Honey); S. 30.1 dreamstime.com, Brentwood (Umkehrer); S. 30.2 Shutterstock.com, New York (Digital Media Pro); 34.1 TESSLOFF Verlag, Nürnberg: (WAS IST WAS WALD - Mehr als nur Bäume); S. 74.1 Studio Schmidt-Lohmann, Gießen; S. 74.2 R & E Stricker Reha-Entwicklungen GmbH, Bühl/Baden; iStockphoto.com, Calgary: 74.3 (dd72); fotolia.com, New York, S. 74.4 (BillionPhotos.com); S. 78.1 Picture-Alliance GmbH, Frankfurt/M. (KPA/Theissen); S. 78.2 mauritius images GmbH, Mittenwald (Zoonar GmbH/Alamy); S. 79.2 Eulig, Stefanie, Paderborn; S. 79.3 OKAPIA KG - Michael Grzimek & Co., Frankfurt/M. (Karl Gottfried Vock); 79.4 Panther Media GmbH (panthermedia.net), München (Herbert Esser); S. 100.1 Picture-Alliance GmbH, Frankfurt/M. (NASA/AFP); S. 121.1 OKAPIA KG - Michael Grzimek & Co., Frankfurt/M. (NAS/Richard Ellis); S. 134.1 mauritius images GmbH, Mittenwald (age); S. 145 Kumpfmüller, Georg (alle)